U0069123

老綠男有意見

陳師孟——著

獻給所有曾與「綠逗」一起圓夢的海內外台灣人。

目次

輯二

輯三

輯四

輯五

自序

此時無聲勝有聲？

民主進步黨再次執政後，我在「綠色逗陣」的網站上寫了許多篇政論文章，除了小部分是以修理中國國民黨爲消遣小物，其他都是對時政的針砭與建言。我要很遺憾地說，全面執政的新政府，從用人到施政、從除弊到革新，確實與支持者的期待相去甚遠；特別是在轉型正義上的蹉跎不前、在中國政策上的抱殘守缺、在領導方針上的曖昧兩光、在改革議題上的本末倒置，屢屢讓人有莫名其妙、甚至無可救藥之感。我在書中表達了另類思考，這些「不中聽」的話到底有何意義，其實心裡有數，因爲古往今來，書生論政通常不會有什麼「好報應」。

我多年來研究政治經濟學，覺得有兩本「輕薄短小」的著作值得一讀再讀。一是十六世紀初英國一代良相湯瑪仕．摩爾（Thomas More）的《烏托邦》（*Utopia*），一般以爲這本書只是信口開河，姑妄言之妄聽之，其實越讀越有深意。我多年前爲了更瞭解馬克思共產思想的源起，特地買來讀。書中有種種前衛想法，除了被馬克思照單全收的「財產共有」之外，更具體的政策諸如六小時工時、基層鄰里組織、民代選舉、性別平權、婚前體檢、引進外勞、禁止私宰、死罪替代役、合法安樂死等等，歷歷在目；五百年前的主張，許多已被普遍採用、也有部分直到現代仍在爭議中。正由於提出的都是超越時代的觀點，摩爾乾脆托詞「虛無之國」。但這不是我的重點。

有一件事很少人注意：這本書是由Ⅰ、Ⅱ兩卷合成的，而有關烏托邦體制的敘述，全都在第Ⅱ卷；至於篇幅也佔一半的第Ⅰ卷，除了一兩句帶到烏托邦，只是留個伏筆，其餘都是摩爾假借一種「對話錄」的希臘哲學論述形式，在討論一個與烏托邦幾乎沒有關聯的副主題：「一個賢臣應不應該對君王直言進諫？」他藉著烏托邦故事主角「妄言者」（Hythloday）之口一再指出，臣子對君王的諍言如果不是「狗吠火車」、就是「言多必失」，講得再有道理也難敵包圍在統治者身邊的佞臣，不但不會被採納、而且還會遭嫉；不但沒有造福社稷、反而爲自己惹來無妄之災。

我去網上查出摩爾的生平年表，才知道摩爾在一五一五年先寫了第Ⅱ卷，次年才補寫第Ⅰ卷，爲什麼要次序顚倒呢？猜想摩爾可能寫完烏托邦理想之後，覺得頭腦古板的官員一定會大驚小怪，所以趕緊追加第Ⅰ卷，做爲執政者的一個預警與提醒，對接下來的第Ⅱ卷不要不明就裡、直覺排斥，以免像「珍珠放在豬眼前」（"pearl before swine"），糟蹋了好東西。

當然後續的發展是一件歷史悲劇。當年摩爾服侍的英國國王亨利八世（Henry VIII）雖然一度派他擔任「國策顧問」（King's Council），又拔擢他爲宰相（Lord Chancellor），但似乎對他那本書興趣缺缺；而且其後想要廢后再娶、又想自立爲英國國教的教父。摩爾拒絕出賣靈魂、不肯下跪妥協，於是被依「叛國」重罪，斬首。他的烏托邦理想世界不但沒有實現，而且正如自己在書中的預言，白白犧牲了一個充滿前瞻思想的智者。

第二本小書來自同一時期義大利的政論家尼可羅・馬基維利（Niccolò Machiavelli），他曾擔任佛羅倫斯（Florence）城邦的軍官與外交官，所著《君王論》（*The Prince*）比《烏托邦》早完成三年而已，也是滿紙對君主的熱血建言。儘管當時因政權更迭而被控謀反，在獄中曾被施以酷刑，最後被放逐鄉野，仍然想把自己苦心研磨出的統治術傾囊以授，貢獻君王。該書第一章開宗明義地告白：「爲了討君王歡心，大家都會獻上戰馬、武器、布匹、黃金、寶石之類的飾品，價值非凡。……然而我所擁有最珍貴的東西，無非就是我對歷史上偉大人物的事蹟知之甚詳，這是我親身體驗與不懈苦讀所獲致的知識，……我花了多年工夫才學到的事情，讓您很快就瞭解。」之後的二十五章內容，都是做君王應有的謀略思考，譬如要「刻薄寡恩」、「讓人喜愛不如讓人敬畏」、「要像獅子那麼兇猛、也要像狐狸那麼狡猾」等等，都旁徵博引歷史實例做依據，見人所未見。

遺憾的是，馬基維利和他的建言也沒有被珍惜善待，他的手稿問世之後，未獲當時的統治者賞識、也引起城邦民眾的反感，最後抑鬱而終。雖然比起摩爾幸運許多，但「曾經滄海難爲水」，就一個忠心耿耿、滿腔抱負的政治家而言，這樣的人生終點也未免落寞孤寂了些。

我相信這兩位五百年前歷史人物的結局，不代表所有政論家「大嘴巴」的後果；因爲民主時代到底不同於君權時代，一方面人民是頭家，我們表達對國事的主張，做爲「神羅」的政府應該會尊重；另一方面自己的苦口婆心即使沒有被當局按讚，也還有其他的頭家或許有同感，出聲可能引起共鳴，沉默不會有回應。當然，我們也有心理準備，以小英政府「維持現狀」爲基調的保守作風，書裡的這些主張不會討喜，書裡的批判更不悅耳，所以我自己爲這本書起名《老綠男有意見》，直白嗆聲，不想拐彎抹角。

有朋友勸我改個書名，因爲「老」會嚇跑年輕讀者、「男」會嚇跑女性讀者、而「綠」會嚇跑「紅、藍、白」三色人；剩下的綠營支持者又大有死忠「英粉」在內，見到「有意見」，又會掉頭而去，最後這本書印給誰看？我想這個猶疑一定也曾閃過摩爾、馬基維利，以及許多以政論爲己任的政治工作者心頭。不過我也相信，大家在銷路的考量之外，或許更重要的是給自己一個交待，就像美國法院作證時要宣誓：「說的是實話、只有實話。」這個書名最接近實話實說。

話雖如此，我當然還是希望這本書能像「五月天」演唱會的入場券，一開賣就「秒殺」，但這就不是我所能強求的了。

讓我們再出發

我們相信目標正確要比過程輕鬆重要，理念堅定要比選舉勝利重要；民主的眞諦不是凡事附和主流民意的現狀，而是啓發民眾獨立思考、同心追尋正確的未來。民進黨全面執政之後，我們的責任不是已了，反而更重更大了。

「綠色逗陣」成立於二〇〇八年大選綠營慘敗之後，當時籠罩在台灣上空的紅色幽靈，以及充斥在台灣社會的藍色迷霧，讓許多綠營人士心灰意冷、茫然無措。回首二〇〇〇年政黨輪替以來，執政八年的民進黨怎麼會如此不堪一擊？展望未來，我們安身立命的母土台灣難道眞要陷入萬劫不復的境地？

當時那種椎心之痛，雖然現在想來仍心有餘悸，但也催逼我們立即咬緊牙根、捲起衣袖，幾個媒體的外行人加上一群素昧平生的支持者，有錢出錢、有力出力，在民主前輩蔣渭水「同胞須團結、團結眞有力」的啓發下，就這樣打著「綠色逗陣」的名號，毅然投入一個陌生領域。自二〇〇九年元旦電台節目開播以來，口中所講的都是「爲台灣前途代言、爲社會正義發聲」，心裡所想的只有「外爭主權、內挺人權」，我們從不八面玲瓏掩飾政治立場，不屑於走中間路線求討資源，我們自認為盡了台灣社會一分子的心力。

倏忽八年，慘澹經營，幾度彈盡糧絕，靠著眾多不離不棄的支持者，終能度過難關；也有與民進黨關係緊張的時候，走在「顧全大局」與「堅持原則」之間，幸而有眾多聽友不時提供建言、勉勵有加，伴隨我們成長。

天佑台灣，今年初（二〇一六）總統大選傾中勢力全面潰敗，我們一方面固然欣喜於中國國民黨自作孽不可活、中國共產黨「地動山搖」的恐嚇牌完全無效，但另一方面卻不免要自問：民進黨大獲全勝之時，就是綠逗任務結束或功成身退的時候嗎？

著名心理學大師弗洛姆（Eric Fromm）在《逃避自由》書中有一段話，大意是：民主體制所保障的思想自由、言論自由、表達自由、信仰自由等等，其實是沒有什麼意義的——除非我們有自己的想法、有自己的看法、有自己的做法、有自己的信念；換句話說，不做思考、不願表態、不敢行動、沒有主張的人，這些自由對他是多餘的。

自由對信念堅定、敢做敢當的人才有意義，勝利何嘗不是如此。唯有當我們是為著一個理想而戰、向著一個目標前進，最終的勝利才有意義、勝利的到來才覺甜蜜。所以問題是，我們過去「八年抗戰」的理念何在、目標何在？爭取勝利所為何來？如果選舉勝利對綠營來說，只不過是把中國國民黨拉下台，再度獲得執政權力而已，至於新政權未來要把台灣帶向何方？嗯，看情形再說；要如何面對中國？嗯，維持現狀就好。那麼我們要很遺憾地說：這次勝利是空洞的，因爲這是一場沒有目的的勝利。

我們不想讓綠營掃興，所以只能期許自己再接再厲。綠色逗陣要求的，不是享受執政過程，而是更接近過程盡頭的標竿，那就是經過「正名、制憲」與「國家正常化」，建立台灣人的台灣國。也許這樣的理想困難重重、曲高和寡，但是我們相信目標正確要比過程輕鬆重要，理念堅定要比選舉勝利重要；民主的眞諦不是凡事附和主流民意的現狀，而是啓發民眾獨立思考、同心追尋正確的未來。民進黨全面執政之後，我們的責任不是已了，反而更重更大了。

所以綠逗的朋友們，期待大家歸隊，我們一起再出發。

二〇一六年五月十九日

和蔡總統與蔡主席論「政黨政治」

軟化立場以換取選票，等於顛覆了政黨以理念相互競爭的原則，這是一個負向「典範移轉」的開端，最有力的反對黨墮入這個思維，對台灣是一種不幸。

我想先說明我所理解的「政黨政治」，因爲依蔡主席過去與蔡總統最近的一些言行，她對政黨政治的理解，肯定和我不一樣。

政治與經濟都是人類群居生活的安排方式，小至部落社群、大至國家社會，都需要解決這兩個面向的問題。政治與經濟看似互不相屬，其實有很大的相通之處：人類歷史上發展出來的政治制度，大約可以歸併爲「民主政治」與「集權政治」兩大類，而經濟制度則可對應的二分爲「自由經濟」與「統籌經濟」兩大類；不論是政治或經濟，前者都是代表一種「主權在民」的理念，後者則代表一種「主權讓授」的理念，而讓授的對象就是所謂的「政府」，而且一旦讓授，就難以收回，更無從節制，往往由政府質變爲高高在上的「巨靈」

（Leviathan）。

唯民主與自由都只是抽象的觀念，要落實就需要具體的運作模式；人類由長期的群居生活實驗中逐步進化，最後證實市場經濟體系是自由經濟的最佳運作模式，政黨政治體系則是民主政治的最佳運作模式。所以想要瞭解政黨政治的含意，可以由市場經濟的邏輯獲得啓發。

市場經濟所以是自由經濟的最佳運作模式，最重要的特點就是內建的「競爭性」，尤其是生產面的競爭性；商場上，產品有競爭才有優勝劣敗、才會追求效率、才敢突破創新、才能保持不敗，從而形成一個良性循環，不斷提升整體福祉。同樣，政黨政治所以成爲民主政治的範式，何嘗不是建立在競爭性這個特質上：各個政黨所標榜的政治立場與推舉的候選人，都是該政黨掛名保證的「產品」，在政治市場上與其他政黨做公平競爭，最多數「選民／消費者」投票支持的對象就是贏家，該政黨從而獲得執政的機會以實現其政見；由於執政有任期，所以必須長期保持競爭力、維繫人民對政黨理念與人選的信任，就如同公司必須長期維護品牌、建立商譽一樣，否則可能只有曇花一現的成功，即使一朝一夕執政，也不能充分達成政治理念、造福人民。

由這個淺顯的說明可以瞭解，蔣家政權在台灣搞戒嚴的時候，何以一定要實施「黨禁」，答案是因爲中國國民黨的「產品」——蔣家政權——缺乏市場競爭力，對多數選民欠缺說服力，以致二戰後在自己的地盤被中國共產黨掃地出門；逃來台灣又人生地不熟、更沒有自信，所以先發動二二八事件血洗台灣的知識菁英，再以戒嚴令掃除政治市場上任何潛在競爭者，甚至連蔣渭水、雷震、殷海光等人籌組「反共」的民主政黨，也不能容忍，目的就在「壟斷」政治市場、防止競爭對手。

蔣經國垂死之年，眼見蔣氏江山無以爲繼，宣布解嚴，黨禁隨而解除，民主進步黨也在萬難之中成立，沒有黨產、沒有黨報、沒有黨籍中央官員，只有屈指可數的黨籍民代和寥寥幾位黨工。但就憑這些，以及黨中央先後制定的〈台獨公投黨綱〉（一九九一）、〈台灣前途決議文〉（一九九九）、〈正常國家決議文〉（二〇〇七）等三份國家立場宣言，再加上一些政治受難者與家屬代表的熱血投入選戰，激勵了台灣人民追求自主自決的勇氣，失去黨禁保護的中國國民黨用盡買票、做票、恐嚇、誣告等下流手段，都徒勞無功，民進黨在歷次地方與中央的選舉中攻城掠地、日漸壯大，最後更在兩次總統大選獲勝，取得執政權力，適時推動了台灣的民主化轉型，也阻卻了國民黨的傾中賣台企圖。

由這段歷史可以體會，政黨政治的本質乃是多黨競爭，而多黨競爭還有一個必要前提，就是政黨間的政治理念必須有效區隔，否則政黨數目由單一增加爲複數，並無意義。所謂「產品區隔」就是政黨立場清晰對立、絕不妥協，國民黨緊抱「中華民國」神主牌、民進黨高懸「台灣主體」看板，兩黨之間的理念之爭才有實質效果。我們必須強調，政黨堅持立場有如企業拒絕仿冒別家產品，是對消費者權益的保障；若國民黨開狗肉店、民進黨雖然「掛羊頭」，賣的卻也是狗肉，選民豈不是只能吃狗肉。所以，民進黨成立的意義，不在於台灣多了一個「在野黨」，在於多了一個「反對黨」，在「統獨光譜」上提供了選民一個有意義的新選項，確實奠定了台灣政黨競爭的局面。

蔡英文在就職總統之前，先是擔任民進黨黨主席，我們相信她的初衷是要引領元氣大傷的民進黨，從二〇〇八年大選的敗戰中再起，以對抗國民黨的復辟。一直到二〇一二年初第一次參選總統受挫辭職，蔡主席大致依循民進黨的既定政策路線，表現出反對黨對執政當局應有的制衡。唯至二〇一四年蔡英文再度當選黨主席，民進黨就出現某種轉向中間路線的跡象，譬如屢有「廢止台獨黨綱」與「黨章黨規要與時俱進」之議，批判者稱之爲「國民黨化」、政治學者稱之爲「中位選民（median voter）化」、我粗人粗語稱之爲「狗肉化」。總而言之，民進黨好像爲了在未來的選舉中勝選，開始降低「台獨」的鮮明色彩，緩緩向中間靠攏。

軟化立場以換取選票，等於顚覆了政黨以理念相互競爭的原則，這是一個負向「典範移轉」（paradigm shift）的開端，最有力的反對黨墮入這個思維，對台灣是一種不幸。其實堅持政黨立場與爭取勝選並不必然衝突互斥，因爲中位選民所代表的主流民意不是凝固的，是動態可塑的。政黨去遷就中位選民的偏好，只是炒短線的手段，或許可以求得一時勝選，但代價是自失立場、自毀信譽；眞正的勝利則是來自對主流民意的潛移默化，啓發選民對政策做理性的思考、進而認同政黨的既有信念與基本價値，這才是泱泱大黨應該有的自我期許與工作目標，如此的政黨競爭才有福國利民的效用。容我們再強調一次，政黨政治不是民粹政治，成立政黨的目的，是要形塑社會共識，不是尾隨主流民意。

以上論述或許流於一堆大道理，但我們以爲正是蔡主席自二〇一四年再任黨主席之後顯示的盲點。我們以下回顧二〇一四年台北市長選舉、二〇一六年總統大選，以及二〇一七年民進黨全國黨代表大會等最近的歷史，不難看出民進黨氣勢越來越旺之餘，兩黨「爭點」所在的台灣前途議題，卻越來越模糊。

二〇一四年，柯P決定以無黨籍身分參選台北市長選舉，由於「天龍國」裡一向藍大於綠，柯P一方面強調自己是代表「超越藍綠的白色力量」；另一方面又要求泛綠相挺，以合力擊敗國民黨的連勝文。做爲泛綠龍頭的民進黨內部當然會有雜音，譬如前副總統呂秀蓮本來也有意參加黨內初選，但在黨中央無條件同意柯P加入「初選整合」後，就宣布退出，並公開表示：「一定要綠營的人出來，如果不是，都算是笑話一樁，根本就是阿Q精神。」但最後仍是柯P高票出線，接著當選市長。事後回顧，呂副確有先見之明，柯P和阿Q果眞沒有差多少，柯P不但沒有在藍綠之外，爲台灣找到一條白色出路，反而用「兩岸一家親」、「命運共同體」之類的肖話來討好中國，走的根本就是一條紅色末路。

值得檢討的是，民進黨爲了打敗國民黨，居然可以接納一個挑明「超越藍綠」的外人來代表出征，連象徵民進黨建黨精神的「綠色」，都被柯P以一句「意識型態」否定，連政黨理念之爭都被柯P醜化爲「藍綠惡鬥」，好像民進黨應該放棄對台灣前途的基本主張，即使不放棄、也不該大聲嚷嚷要別人接受；這種荒謬無知的言論，柯P可以用「政治素人」當藉口，民進黨若還未完全喪失黨魂，就不能用「只有勝選才是硬道理」的現實主義來卸責。最不可思議的是，此際柯P打算爭取連任，民進黨在上個月的「全代會」卻以技術性流會的方式，把一些黨代表的「自推人選案」移往中執會消音，而再次留下徵召柯P的伏筆。柯P的思想變綠了嗎？柯P瞭解「無黨籍」不代表比別人「清高」嗎？柯P從「中國新歌聲」事件得到教訓了嗎？如果答案是否定的，民進黨難道要再一次上演自拆招牌的「笑話一樁」嗎？難道蔡主席還要容許民進黨成爲國民黨的笑柄嗎？

或許蔡主席並不認爲民進黨的創黨精神需要珍惜，因爲她本人在二〇一五年四月獲得民進黨提名爲總統候選人之後，在某種程度上，同樣揚棄了民進黨的創黨傳統。我們的根據是，該年六月蔡主席前往美國的「戰略與國際研究中心」（CSIS）智庫發表演說：「近月來，我已表達並多次重申對維持現狀的立場，我堅信，這符合各方的最佳利益。」又說：「在當選總統之後，我將在中華民國現行憲政體制下，依循普遍民意，持續推動兩岸關係的和平穩定發展。」在此姑且不論「維持現狀」是否符合台灣利益，「遵守現行憲政體制」是否是「普遍民意」，這裡有兩個違背政黨倫理的重大瑕疵：第一、一個政黨的立場轉向，應該經由長期醞釀、並獲黨內共識，才能定案，蔡主席卻在「近月來」頓悟出一個新論點，但這個論點明顯悖離民進黨長期主張的「公投、正名、制憲、入聯」等國家正常化目標，顯然更需要慎重考量，不可冒然提出；任何候選人若自做主張，違背政黨既定政策，就沒有資格代表政黨參選，這是最起碼的規範；第二、蔡主席剛獲得民進黨的提名時，發表一篇名為「找回自信、點亮台灣」的宣言，主軸放在過去國民黨執政造成民眾普遍對未來感到悲觀失望的同時，她個人卻深深感受到這個國家依舊很有希望。這是一篇四平八穩的文宣，由此我們可以確定，蔡主席的「維持現狀說」在取得民進黨提名之前，完全不曾對外披露，絕大多數黨員與支持者都被蒙在鼓裡。也因此我們認為，如果蔡主席為了忠於這個「近月來」的新見解，非得拿它做為這次競選政見不可，就應該辭謝民進黨的提名，坦蕩蕩改以無黨籍的身分參選，或至少尋求民進黨重新提名，才不致讓民進黨支持者被打一記悶棍。

最後應該談談這次民進黨全代會的另一個爭議，就是蔡主席對「特赦阿扁案」的處理。會前部分黨代表發起連署，在全代會提案促請蔡總統特赦阿扁，一時連署者多達八五％，歷來僅見。總統府聞訊立即嚴厲表示：民進黨從來不是「以黨領政」，好像是說即使全代會要求蔡主席赦扁，對有權赦扁的蔡總統還是白搭。最後該案在蔡主席示意下，與前述「自推人選案」成為命運共同體，不了了之。我們雖然同意民進黨不同於共產黨，前者的全代會不是後者的「十九大」，只有法西斯政黨堪稱道地的「以黨領政」、政府只是政黨的延伸，但這並不代表蔡主席一登基就「我說了算」，視政黨爲執政者的附屬，抹煞民進黨的集體智慧，打臉自己的同志。

蔡總統要成爲「全民總統」的意圖無可厚非，開口「各方利益」、閉口「普遍民意」，也可以理解，但做一個全民總統不是像父子騎驢，反覆折騰自己人、就怕得罪其他人，而是要擇善固執、堅定領導，讓國家邁向正確目標、讓全民蒙受長遠福祉。這樣的重責大任，總統一個人當然不足以獨攬，需要的輔佐協助，執政黨正是最可靠的後援供應站。所以總統與執政黨之間，不是「以誰領誰」的問題，而是相輔相成、共存共榮的關係。不知蔡總統與蔡主席以爲然否？

二〇一七年十月二十日

撤回「謝林配」的決定是對的、理由是錯的！

「如果，妳決定換人不是察覺人選不對、而是出於對外界反彈的無奈，那麼我們覺得妳的讓步是更大的錯誤，因爲這顯示妳在壓力之下，不能堅持是非、維護正義，完全失去了總統的高度。」

日前，蔡英文總統撤回司法院正副院長的「謝林配」，準備另提人選，法學界及其他民間團體多表肯定，因爲威權時期嶄露頭角的謝文定與林錦芳，和台灣近三十年的民主發展歷程不但格格不入，而且各有被起底的「黑資料」，謝文定是中國國民黨政府過去鎮壓反對運動時，許多重大政治案件的受命檢察官，儘管還有其他更爲惡行重大的司法打手，但他的幫凶身分是斑斑可考的；林錦芳也被揭出在司法院祕書長的職位上，配合馬政府迫害對阿扁總統仗義直言的洪英花法官，儘管她的頂頭上司更是「拍馬屁」的高手，但她做爲馬英九眼前「紅人」，毫無疑問也扮演了落井下石的角色。對這些劣蹟，小英總統先前可能有所不知，誤以爲這兩位是司法界的人中龍鳳；但經媒體群起披露、學者當面直諫之後，小英總統在立法院下會期開議之前總算決定換將，化解掉立法院綠營立委是否「選擇服從威權（總統）」的兩難。

小英總統撤回咨文的決定無疑是正確的，代表她經過月餘的長考，終於不再固執己見。但政治行爲是一回事、背後的意涵往往又是另一回事，如果要想瞭解這次事件是否代表小英總統明瞭自己犯了識人不明的錯誤、而引爲日後施政的鑑戒，是否給那些仍然存有威權遺緒的官僚一記當頭棒喝，是否足以讓全民對未來的司法改革重燃信心，則我們必須進一步探究，在撤回提名當下，兩位當事人及小英總統對外發表的聲明所傳達出的訊息，只有如此才能明瞭當事人之所以主動求去、以及小英總統之所以首肯的眞正理由。否則有如危機一解除，大家就「舞照跳、馬照跑」，不知回頭檢討危機從何形成，那麼只怕很快就會重蹈覆轍，要面對更多、更大的危機；只有從過去的錯誤汲取教訓，才能眞正產生「化危機爲轉機」的效果。

因此當謝林兩位辭去提名後，我們並不會因爲「不做官的人最大」，就選擇事過境遷，不再議論此事；也不會像某些八面玲瓏的政客覺得「他們兩位是委屈了」，就選擇息事寧人，任憑他們發發牢騷。對他們臨去秋波的書面「聲明」，我們還是要愼重其事地回應，不容許眞相陷入各說各話的迷離狀態，否則理虧的一方會有僥倖的心理、理直的一方則有不平的心理，其他第三者則是非不明、滿頭霧水，這對大家都沒有好處。

謝文定的聲明主要在回應外界指控他「爲虎作倀」，在戒嚴時期重大政治案件甘爲威權幫凶，尤其在「美麗島案」是承辦檢察官之一，更是罪無可逭。謝辯稱自己「辦案一向秉持良知，絕無違法濫權」，又表示「美麗島案」雖有警方刑求的指控，但因警方否認，又無具體證據，故無從追究。我們想反問的是，在秉持良知辦案以先，有沒有秉持良知檢討台灣一黨獨裁、軍事戒嚴三十年的合理性？有沒有秉持良知反省黨禁、報禁對民主發展的斲傷？更具體說，這些案子是不是「官逼民反」？是不是「先鎮後暴」？如果辦案時先切開事件的政治背景與威權成分於不顧、僅就事件的後果做死板的法律究責，則所謂「辦案絕無違法濫權」等語，只是坐實自己充當統治工具的意義而已。調查警方刑求也是如此，找不到證據是意料中事，但請回答：有沒有秉持良知追究政府動用制式武力來對付一般民眾的責任？總之，由謝文定的自我辯解可知，他的官僚良知與人民主張的良知，顯然存在極大差距。

林錦芳在退出後的聲明中，更是火力全開地指責外界口水氾濫，破壞名譽，「各項指控與事實全然不符」云云。她把洪法官被拔除庭長與審判長一事全推給士林地院，自己只是在簽呈上依法承轉發回，與己何干？推動不倫不類的「觀審制」，是因爲「替上級的政策辯護，是祕書長職責所在」，難道可以扯長官後腿嗎？把團隊的研究報告列爲個人的著作，因爲計畫是由她主導，怎麼能算抄襲？我們也要反問：在依法批示之時，有沒有想想下級提出的處理意見對當事人是否公正？在爲無良政策辯護之時，有沒有想想這些上級定下的政策是否存有一己之私、還是眞正符合公眾利益？在把團隊成果壟斷之前，有沒有想想這對其他成員的貢獻是否佔了便宜？

因此，謝文定沒有違法濫權，不足以稱秉持良知，林錦芳依法行事、聽命上級，也不能算忠於職守；法律只是人類行事的最低準則，很多道德律與價值觀遠遠超越法律的規範，這些更不容輕忽。我們從他們爲自己抱不平的說詞中，很遺憾地發覺，他們儘管打消了問鼎司法龍頭之意，似乎仍然對外界所指出的盲點無法坦然接受，始終不明白自己有何不適任。村上春樹接受耶路撒冷文學獎所說的：「一顆雞蛋砸向一堵石牆，就算雞蛋再不對，我仍然選擇站在雞蛋這一邊。」這些話對他們兩位只怕是「鴨子聽雷」吧？我幾乎可以想像他們會滿臉不以爲然地問：「明知雞蛋不對，怎麼可以去站在錯的一方？」

接著，也是最重要的，我們要對小英總統在撤回「謝林配」時所發表的感想，做一番仔細檢驗；謝林兩位沒有從挫折中得到淬鍊，是他們自己的事，因爲他們即將放手公權力、遠離公領域，此後人生禍福都由自己負責、與別人無涉。小英總統則不然，她要繼續領導國家，爲全民謀福，這個事件對她的治國理念有任何影響、也將是對你我的影響，不可掉以輕心。

其實小英在撤回提名時，對外可以提出三種不同層次的「理由」：上策是乾脆一句「我錯了」，可以展現她知錯能改的勇氣，也讓人對她恢復期待；中策是略爲婉轉的「爲了尊重反對意見」，如此至少可以證明她不偏聽，另一方面也爲謝林保留一些退路；最下策則是語帶不滿的「我沒錯，這次我認栽，下次走著瞧」，顯露的是威權被侵犯時的傲慢。實際上呢？我們忠實地記錄她對媒體的講話：

「謝林兩位的操守與表現値得信賴，爲司法體系的付出更値得肯定。對外界的不同意見，被提名人理應虛心接受外界最嚴格的檢驗，但許多批評不盡公平、也並非事實，讓兩位過去在司法專業上的貢獻遭到抹殺，這絕非我所樂見。我支持兩位捍衛自己的名譽。」

「對被提名後遭受批評與誤解，我深感歉意，也理解兩位辭意甚堅。爲尊重當事人意願，避免兩位繼續成爲攻擊焦點，我同意撤回咨文。」

「司法改革應有全民參與，也應有熟悉司法實務的人來落實。未來所提的正副院長，仍會兼顧實務經驗與學術聲望，確保司法體系能務實改革。」

「我願意誠懇與各界交換意見，也期待司法改革過程中，能呈現多元的聲音，避免不必要的相互標籤與對立。」

小英這一席話毫不含糊地表示：第一、她提名的人選無論操守表現都很傑出，專業貢獻也值得肯定；第二、外界「許多」批評都不公平、不實在；第三、所以她對原來的提名絲毫沒有悔意，如果有悔意的話，是不捨兩位當事人成爲攻擊焦點，這也是她撤回重提的直接理由；第四、未來提名仍將是與謝林同一類型的「務實改革」人才；第五、下次會多和外界交換意見，以免人選再被中傷或被貼標籤。

但是我們不能瞭解，如果小英總統確實獨具慧眼、見人所未見，何以至今沒有提出謝林兩位過去究竟有什麼具體建樹——對弱勢人權的維護嗎？對民主體制的推動嗎？在〈憲法〉理論上的發揚嗎？在司法實務上的創見嗎？如果他們確實不是極品也是奇才，又何至於連司法官獨立自主的起碼要求還需要費力攻防、連抗拒威權的基本素養都需要總統代打救援？小英對他們的欣賞，似乎建立在他們沒有外界說得那麼「壞」，彷彿剔除外界的許多負面質疑之後，他們就符合小英的標準了。但即使外界對他們的指控都是無辜，大法官人選有完美無瑕的記錄只不過是剛剛跨過門檻而已，總不能說「沒有負面」就等於「正面」，難道這也可以套用西諺說的「沒有壞消息就是好消息」？

我們可以拿美國最近一次任命的大法官索托梅爾（Sonia Sotomayor）爲借鏡，她的學歷傲人不說，經歷更是顯赫：除了當過法學院教授、律師與檢察官之外，一九九二年被老布希總統提名爲紐約市地院法官，一九九七年被柯林頓總統提名爲美國第二巡迴上訴法庭法官，都經過參議院全面肯定；二〇〇九年被歐巴馬總統提名爲大法官，在參議院認同過程中，雖然兩黨參議員在許多爭議性議題上各有堅持，不願因支持她而被質疑立場改變，但她最後仍是以超過三分之二的多數票過關，成為美國歷史上第一位拉丁（波多黎各）裔的女性大法官。值得特別注意的是，參議院司法委員會對她的任命進行了連續四天的質詢，「考題」包括她過去做出的司法判決與表達的政治理念，更廣泛質問她的〈憲法〉見解，包括種族歧視、性別平權、墮胎、持有槍枝等課題，可以說把候選人徹底「透明化」，讓社會公評她是否適任。

眾所周知，美國〈憲法〉本文僅七條、增修案中人權法案十條、其他十七條，所以僅是綱領性的精簡表述，語義常有多元的詮釋與引伸，也因此美國的大法官會議經常要面對極端困難的釋憲挑戰與哲理論辯。但不論最後大法官會議裁決如何，兩造都乖乖接受，沒人會表示司法不公或法院是哪一黨開的。何以如此？大法官的任命過程就是令人不得不服氣的主要原因，這些司法菁英無一不是千錘百鍊、領袖群倫，此所以稱呼一般法院的法官是「施行裁判」（judge），只有最高法院的九位大法官才是「施行正義」（justice）。回頭看謝、林兩人，不但配不上「正義」的稱呼，甚至到了國會殿堂可能還得「重溫」一些不堪的過去，若真坐上大法官與司法院龍頭的位子，只怕不但自己被人看扁，連帶也使司法院與大法官會議被人看輕。

最後，我們只能報告總統：妳換人的決定是對的，妳的理由「一面倒」袒護謝林，卻是大錯特錯。如果妳至今仍然把他們視爲當然的首選，外界的指控多屬無中生有、無理取鬧，妳決定換人不是察覺人選不對、而是出於對外界反彈的無奈，那麼我們覺得妳的讓步是更大的錯誤，因爲這顯示妳在壓力之下，不能堅持是非、維護正義，完全失去了總統的高度。妳一方面沒有要求「對」的一方絕不輕易妥協；另一方面也沒有要求「錯」的一方停止不實攻擊，妳只想圖個方便拋開問題、而不是追根究柢解決問題，這豈是我們期待的領袖？請妳想想上台不過百日，在諸多人事任命上何以屢屢引起支持者的怨聲載道，是這些支持者才半年時間，都變成了妳口中愛貼標籤的對立面？還是妳的用人哲學的確到了應該檢討的時候？

做爲一個泛綠的民間社團，我們必須自我警惕，這次社會對小英政府的監督批評，看似達成了預期的目標，讓小英總統做出了正確的決定，但這可能只是表象，因爲當事人似乎沒有學到教訓，總統也只是被激怒、沒有被說服，只是被迫讓步、不是自反而縮。

未來的日子，同志仍須努力。

二〇一六年八月二十日

為「英全政府」把脈

政府本身必須先建立正確清晰的施政理念，然後強化擇善固執的心理準備；若事前沒有理念、走一步算一步，事後又沒有抗壓性，事事討價還價做妥協，則有心人士挾「民意」挑戰政府的情況，勢將層出不窮。

小英總統去年此時當選總統，綠營支持者原以爲這回的政黨輪替，可以一掃國共兩黨沆瀣一氣在台灣佈下的陰霾，給台灣帶來新希望。這份期待有極爲堅強且明顯的理由：一是馬英九專政八年，擺爛八年，司法改革與追討不當黨產等有關轉型正義的議題，早已形成全民共識，至少在國內施政重點的擇定上，無須再三摸索；二是民主進步黨已經是第二度擊潰中國國民黨執政，政權交接應該可以駕輕就熟了，不像當年阿扁在藍營分裂中意外獲勝，新手上路，一切從頭學起，更何況這回由於二合一選舉，以致總統及行政體系的交接期長達四個月之久，更可以審愼布局、從容就位；三是這次小英是全面執政，不但自己選票過半，而且立法委員席次越過三分之二的絕對多數，不像阿扁當初處處遭到立法院在野黨的掣肘，舉辦入聯公投被杯葛就是一例；四是全台縣市長也大都在民進黨掌握中，「藍八奴」的山頭多半屬偏遠地區，尤其六都中的五都市長由民進黨黨員或黨友擔任，地方行政的配合絕非阿扁任內所能及；五是立法院的第三大黨也屬同一陣營的「小綠」時代力量黨，不像阿扁任內其他有影響力的在野政黨，不是親民黨、就是新黨，作風比國民黨還要「唯恐天下不亂」。

在這樣有利的「先天條件」之下，小英政府邇來的「後天表現」難免令支持者瞠目結舌、長吁短嘆，滿意度急速腰斬。部分不滿可能來自深綠選民，選前以為小英的「維持現狀」只是選舉語言，就任之後會有不同的中國政策，但事實很殘酷，小英在這個議題上與馬英九的差別，只在口頭上是否承認「九二共識」而已。不過除了綠營支持者的失望，民調顯示的是全面性下跌，表示一般人民對英全政府在國內的施政表現也日漸冷感。猶記小英總統在上任之初，尚且誇下海口：「這是一個最會溝通的政府。」但這段期間，台灣社會發生的各種街頭抗爭活動，較諸以往任何期間都「毫不遜色」，而媒體新聞評論對英全政府的批判，不論是藍是綠，都幾乎到了「毫不留情」的地步。如果照小英的說法，這不是官民之間溝通上的問題，那麼到底發生了什麼事？

我們認為最大的癥結在於，小英對於一個民主政府在當前台灣多元社會應有的角色與定位，欠缺全盤理解。也就是說，多元民主社會必定會有眾多相互競爭的主張、甚至嚴重對立的訴求，政府本身必須先建立正確清晰的施政理念，然後強化擇善固執的心理準備；若事前沒有理念、走一步算一步，事後又沒有抗壓性，事事討價還價做妥協，則有心人士挾「民意」挑戰政府的情況，勢將層出不窮。

更引伸地說，執政者必須要有「有所爲」與「有所不爲」的施政界限。若對一些應該堅持原則的事，採取「謙卑再三」的策略；事事要求擺平民怨，甚至對既得利益者讓步，則會造成「會鬧的有糖吃」，扭曲了民主「尊重少數」的眞義。相反的，對一些政府無需介入干預的事，則應採取「自由放任」原則，讓民間的不同主張在合法的機制下，自行協調解決；若反而踩定立場、固執己見，最後就如小英總統自己的覺悟──「公親變事主」，政府成爲民意不滿的箭靶。總而言之，該要大刀闊斧解決的問題，卻推拖延宕，會讓人對政府的效能擔憂；不該形成朝野對立的議題，卻層出不窮，會讓人對政府的智慧起疑，這似乎就是目前英全政府給人民的普遍印象。

要分辨這兩類議題，其實不難。首先，大凡涉及「改革」的議題，一定都是對錯早有定論，是非早已明確，既然沒有「見仁見智」的空間，豈有再瞻前顧後、猶豫不決之理？以「司法改革」爲例，除了仍然冥頑不靈的法官與檢察官會反對，一般平民對「有錢判生、無錢判死」無不感到切膚之痛，而那些因爲政黨屬性受到司法迫害的綠營政治人物，包括阿扁總統及扁朝的眾多政務官在內，更是引頸企盼平反的早日到來，這些在改朝換代第一天就應該起步的工作，至今仍是「只聞樓梯響」。小英總統或許認爲司法改革涉及體制性的長期變革，不能冀望「七年之病求三年之艾」，所以要舉辦一個「司改國是會議」來溝通民意，而在此之前還要先召開一個籌備會做起手式。不料先是司法院正副院長更改提名有所延誤，後又因爲要由籌備會「海選」民間的司改建言，再有蹉跎，結果就任迄今可以告慰國人的「亮點」，竟然只是請到「小燈泡」的母親參與籌備；至於國是會議本身，據說要到今年六月才會召開。我們不能瞭解，司改除了長期體制變革，難道沒有短期立竿見影的措施嗎？新任的司法院長與法務部長對一些司法敗類或政治迫害個案，難道非等到引進「陪審制」或確立「金字塔型法官結構」之後，才能加以制裁嗎？這一年的虛度是必要的嗎？讓司法受害者與家屬多受一年煎熬有任何意義嗎？我們更擔心，國是會議的改革方案如果都是長程規劃，則司法改革的收效要等到哪一年？不要以爲「遲來的正義」還是正義，要是政府故意讓正義遲來，還有臉稱爲正義嗎？

另一個備受矚目的改革項目是「年金改革」，很有趣的，小英也是要以「年改國是會議」爲政策做背書，而在國是會議之前，也是要舉辦準備性質的「公聽會」或「說明會」來啓動改革工程。眾所周知，年金改革攸關轉型正義，退休軍公教老人過去因爲是中國國民黨的「鐵票部隊」，被獨裁政權以「十八%優利」及「七五%—九五%的所得替代率」豢養半個世紀以上，這種系統性的「期約賄選」如何能以「信賴保護原則」來抗拒改革？所以讓特殊族群的退休待遇回歸尋常百姓，是民主政府的責任。應強調者，這無關乎政府財政是否困窘、年金制度能否維持，陳副總統一再把「世世代代領得到、長長久久領到老」做爲取消十八%的理由，其實有誤導之嫌；即使年輕世代繳納的退休基金沒有被掏空耗盡，軍公教的特殊待遇仍然不可繼續，因爲這有違〈憲法〉明定身分與政黨的平等原則。英全政府沒有掌握這樣的理念，反而像是自己理虧，對這批被改革者好話說盡，縱容他們擔任籌備委員，對方卻還反嗆政府踐踏他們的尊嚴，夥同「來亂的藍軍」和「亂來的黑道」，不斷在「公聽會」與「說明會」叫囂滋事，還放話包圍「國是會議」的會場，足可證明政府所有的懷柔討好舉措，不只多此一舉，而且自討沒趣。小英總統即將親上火線，在國是會議提出政府的改革版本，繞了一大圈還是要面對被改革者的激烈反彈，眞是治絲益棼、所爲何來？

脫離改革的議題，政府就要準備「換個腦袋」，由「有所爲」轉化爲「有所不爲」，否則閒事管太多，也會成爲施政的敗筆。以〈勞基法〉修正草案爲例，小英「軍令如山」下達立院黨團，剋期通過「一例一休」制度，結果雖然強力動員、強渡關山，結果卻是一次吃力不討好的「雖勝猶敗」（Pyrrhic victory）。

這次修法的原意，乃是防止資方剝削勞工，所以酌減勞工的法定工時爲四十小時，並希望勞工能類似公務員「週休二日」，但不完全取消加班的彈性，也就是每週除有一天「例假日」絕對禁止工作外，另一天「休假日」則可經勞資協商來加班，但工資會依加班時數每二小時累進加成。勞動部是認爲，如果只有降低工時、而沒有「一休」條款，雇主很可能要求勞工上班六天、而把加班時數在六天平分，每天只超時一至二小時，適用最低加班費，就可避過累進費率；規定了「一休」，加班時數勢必集中在週六，工資成本就難逃累進了。但在這種考量之下，雇主除了設法降低加班需求之外，對勞工眞正工作投入更加嚴格管控，雙方由互補雙贏惡化爲對立雙輸，在景氣不振的大環境中，其實更不利於勞方。更有甚者，現代經濟的產業區分細膩，勞工一詞也包含百百種不同的勞力型態，製造業的勞工多爲生產線上的作業員，勞動投入與產出的比率較固定，加班需求的彈性較大，但服務業從業人員的工作類型，則很難用「同一尺碼」來衡量或規範，更別說服務業又可分爲零售、餐飲、醫護、金融、運輸、仲介、研發、媒體等等，超時工作的必要性各有不同，家家有本難唸的經。〈勞基法〉一有修改，大家都雞飛狗跳；規定越是天網恢恢，大家越是窮於應付。所以實施以來，不但企業主怨聲載道，各行各業的勞工也鮮有載歌載舞的；至於工資成本上推造成的物價上揚，一般消費者也只好忍氣吞聲。

我們當然不反對政府注重勞工權益，但不是用一種「大有爲」的心態，想要以法令來提升工資、增進勞工福祉。在資本主義市場經濟中，勞資間的僱傭關係也是屬於一種交易行爲，無論是交易價格（工資）或交易數量（工時），都要給市場供需面留下運作的空間。譬如過年生意強強滾，老闆需要員工連續加班，出兩倍工資人手仍然不足的話，三倍、五倍也照出，大家都有錢可賺嘛！政府何必越俎代庖、多所限制？勞動當局應當著重勞工工作環境的安全與衛生，再加上勞工的免費定期體檢，切實防止過勞或職業病上身，剩下的工資或加班問題，則留給交易雙方依其業別性質去決定。政府不需要因爲資方有可能剝削勞方，在事前就對資本家做「有罪推定」而嚴加限制；只要建立勞工申訴與法律服務的機制，鼓勵勞方維護自己的合法權益，就是一個有爲有守的政府。

即使勞動當局仍然認爲，勞工應有更嚴格的法律保護，我們認爲民進黨立院黨團在修法的前置作業上，仍然不盡理想。質言之，執政黨立委雖然舉辦了一、兩場國會公聽會，但大致上是形式勝於實質，因爲和國民黨時代一樣，公聽會中台上坐的立委寥寥可數、台下出席的專家學者與業界及勞團人士則有如菜市場。發言者每人分配五、六分鐘，草草了事，至於立委諸公有沒有在聽，誰也不曉得，反正結論已經有了，公聽會只是程序需要。如果眞的想向民間「取經」，就該像美國國會的聽證會，每次台上坐滿相關委員會的議員，台下只有一位應邀作證者，接受議員的連番質詢，其他人只能坐在後方旁聽席洗耳恭聽；今天若是某產業的資方代表，明天可能是勞方，再下兩次換另一個產業的勞資代表。國會議員仔細聆聽相關各界「盍各言爾志」之後，據以草擬或修訂要提出的法案，就不易發生立法「過猶不及」的錯誤，這叫玩眞的。

這種聽證會的另一個好處在於，沒有人會笨到在會中做情緒發言，更不會有意見相左的雙方互相對罵或對幹，因爲基本上「王不見王」，每個人都有平等的機會表達主張，也只想以理服人。所以我們可以斷言，日前在「日本核災區食品進口座談會」上的暴力衝突，是完全可以避免的，很遺憾農委會也是把水火不容的雙方找來同一個場合，既沒有避免爭議的智慧、又沒有處理爭議的能力，最後一事無成，只是在電視螢幕上再次折損了英全政府的威信。「同婚」修法的議題也可以放在這個脈絡來檢討，正反兩邊在立院場內場外的脫序行爲，固然可歸責於雙方的主觀意識型態過於強烈，但推案立委沒有安排均等而隔離的聽證機會，也難辭其咎。

捷克前總統哈維爾（Vaclav Havel）在就職後的一篇演講提到：「政治是一門化不可能爲可能的藝術，但更是一門堅持原則的藝術。」我的解讀是：政治固然可以玩到無所不能，唯不能違背民主基本原理；反過來說，只要謹守原則，政治之妙存乎一心。英全政府學會在基本原則與施政手腕之間的精準拿捏，應該是當務之急。

二〇一七年一月二十日

是誰沒收了「時代力量」的力量？

我們在選前打算籌組一個綠營的新政黨，瓜分民進黨的國會席次，希望讓民進黨在國會不過半，迫使其必須與其他小黨結盟，才能壓過藍營，通過各項改革法案。這是唯一避免民進黨步向一黨獨大、進而一黨獨裁的不得已手段。

日前在小英總統親自指示下，立法院衛環委員會把遲遲無法定案的〈勞基法〉修正草案送出了委員會，讓各黨版本進入政黨協商的次一階段。由於小英在競選期間曾允諾七天的國定假日會保留，但如今在民進黨的版本中卻成爲「只紀念、不放假」，引發勞工團體的不滿抗議。復以中國國民黨唯恐天下不亂，一改執政時的反勞方立場，在會場群聚叫囂支持勞團訴求，民進黨籍的召委遂在人牆保護下，以一刻鐘的時間完成一讀，把會議「合法」結束。

整個混亂的審查過程中，依稀有一兩聲「荒野的呼喊」，原來是來自時代力量黨的立委。他們既嫌惡國民黨的藉故鬧場、也不滿民進黨草率闖關，當天他們的策略是要求主席同意召開國會聽證會，仔細質詢主管機關的官員、公開辯論各黨版本的優劣，以做爲委員會逐條實質審查的根據；他們認爲這樣的話，即使最後表決輸掉，對選民才有所交待。但在小英總統的「急急如律令」之下，執政黨哪來閒工夫和你們窮磨菇，要囉嗦就到政黨協商的密室去進行吧，協商不成的話，表決誰怕你？

當然，執政黨表面上不會這樣蠻橫，他們在媒體上強調，要不是國民黨由講好的「文鬥」突然改爲「武鬥」，他們原本也是想要認眞逐條審查的。但這樣講不太有說服力，因爲從頭到尾一刻鐘就走完全部程序，若非事前已有劇本，只靠臨場見招拆招，恐怕不會這麼「井然有序」。對於召開國會聽證會的要求，他們的回應是，從馬英九執政時期，主管的勞動部已經辦過二、三十場的公聽會，加上新政府上台後，也有民進黨立委個人辦過一場，這又不是江蕙的告別演唱，一再增加場次只是歹戲拖棚。時代力量黨在現場大聲疾呼，難道是想要和中國國民黨分進合擊民進黨？你看，同屬藍營的親民黨反而沒有任何動作，小英請該黨宋主席代表出席 **APEC** 領袖會議，看來還眞找對人了。

我們無法苟同執政黨的做法與說法。

先看時代力量黨呼籲召開國會聽證會，是否多此一舉？假設勞動部確已辦過多場公聽會讓各方表示意見，或許會懷疑時力黨再加碼一場又有何意義呢？但是如果我們注意黃國昌委員在媒體上一再使用「國會聽證會」而非「公聽會」，就不難知道他的用意、也不難認同他的主張了。台灣在過去威權時代的強人政治，獨裁者何曾需要徵詢別人的意見？不但一般民意奈我何，就算專業意見也是聊備一格而已。最傳頌一時的就是太子蔣經國的「十大建設計畫」與軍頭郝柏村的「六年國建計畫」，前者被時任財政部長的李國鼎在其回憶錄打臉是「好大喜功」，後者雖在時任經建會主委的郭婉容護航下推動，但最後也因為規劃草率，不得不半途而廢。所以台灣在中國國民黨統治下，根本沒有聽取民意、尊重專業的傳統。

直到一九八〇年代反對運動風起雲湧，人民對天賦人權有所覺醒，政府當局才赫然體會到民智已開、民意不易操控，於是開始在一些〈行政程序法〉裡明訂舉辦政策說明會的規定，民意代表也開始在各級議會召開公聽會，擺出傾聽民意的樣子。不過公共政策或政府法規總有受益與受損的兩方，難以皆大歡喜，所以這些說明會或公聽會往往是各持己見、火爆收場。但不論如何，讓各方發抒己見、表達立場，即使無法獲得解決方案，總是已經符合了法律要求的程序、或是滿足了選民對民意代表的期待。

過去主管機關或民意機關舉辦的公聽會或說明會，大致不脫這種模式，由於主要目的只在對選民交差，所以有辦就好，至於會中受到哪些批評、聽到哪些建議，既沒有接受的義務，也沒有答覆辯駁的必要；立法院雖是最高民意機關，也好不到那裡去。以本人參加過的立法院公聽會為例，一般都是台上坐著三三兩兩該委員會的立委諸公，台下則是一打以上的專家學者等待輪流發言，通常每人十分鐘以內，時間有剩的話，可以補充個兩三分鐘；如果是熱門話題，在過程中，不時會有其他委員到場向主席要求插隊發言，因為「另有要務必須趕往」，所以講完拍拍屁股就走人，完全忘記來的目的是在「聽」別人的、不是「講」自己的。這種模式最容易造成惡性循環，講的人知道聽的人無心學習、就不會用心準備，聽的人知道講的人請裁講講、也就隨便聽聽，結果彼此浪費時間而已。

我們雖然不覺得外國的月亮都比較圓，但是不能否認，美國國會的聽證會是我們望塵莫及的。留學時的指導教授常常受邀到國會做證，與台灣立法院的公聽會最大不同，就是「講者」與「聽者」分得清清楚楚：聽證會全場就教授一個人端坐台下正中央，帶來的研究生或助理只能坐在會場後方，十多位委員會的議員則一整排從頭到尾坐在台上，輪流提問，由他一人回答。國會議員不是來發表自己的高論，而是把握機會仔細請益，把自己不甚瞭解的所在問出一個所以然來，直到做證者對這個問題的見解「全盤招出」才罷休。會不會因此偏聽呢？不必擔心，若這次請的是「正方」的、下次就請「反方」的；今天是凱因斯學派的、明天再請個古典學派的來問。哪一方的意見對國會議員較有說服力，面對質疑能夠應答如流，當然對法案或政策的釐定就有較大的影響力。這就是國會舉辦聽證會的用意，也應該是黃國昌委員希望樹立的常規。

新政府如果有心推動國會改革，提升民意代表問政品質，這絕對是必要的一步；如果把馬政府所辦的公聽會也拿來濫竽充數，進而責怪時力黨想找麻煩，那是民進黨自曝其短。

做爲綠營的支持者，我們很遺憾地說，這次時力黨顯示的無力感，其實早就注定了。當今年初大選結束，小英順利當選總統、而民進黨的立委席次又大幅過半時，台灣人民就該領悟到，這種「我說了算」的現象，日後縱使不是國會常態，也會不時發生，絕無可能完全避免。因爲一個全面執政的政黨、一個同時掌握行政與立法兩權的政黨，就是一個不受制衡的政黨；任何缺乏制衡的政黨，不論叫中國國民黨或是民主進步黨，遲早都會展現出某種的專制獨裁，這是美國開國時，「聯邦論者」（Federalists）三傑之一的麥迪遜（James Madison）早已警告過的：「若把立法、行政、司法所包含的所有權力完全託付在相同的手中，不管這是一個人、少數人或許多人……，也不論是世襲的、自封的或民選的，都大可宣稱這就是暴君的定義。」

這是何以我們在選前打算籌組一個綠營的新政黨，瓜分民進黨的國會席次，希望讓民進黨在國會不過半，迫使其必須與其他小黨結盟，才能壓過藍營，通過各項改革法案。這是唯一避免民進黨步向一黨獨大、進而一黨獨裁的不得已手段。其後因爲種種原因組黨不成，我們仍然基於同樣的理念，呼籲民進黨支持者將「政黨票」投給同屬綠營的時力黨，使之成爲國會的「關鍵少數」，以達到綠營內部制衡的作用。無奈許多台派意見領袖未能體察這個用意，直覺地主張集中所有選票於民進黨，使其全面執政，才能全面改革；有些甚至還誇下海口，若民進黨選後執政不力，再發動街頭抗爭也不遲，這種不知防患於未然、亡羊才補牢的想法，其實只是一廂情願、自欺欺人！有誰會對自己才剛選出的新政府進行體制外的抗爭？不怕藍營笑掉大牙？

時至今日，小英總統的民意認同不斷下滑，不少綠色選民對於「轉型正義」的牛步化，私下抱怨不已。尤其是郭瑤琪的冤案，民間儘管用盡全力營救，法務部、司法院迄無任何平反的作爲可言。設若國會有關鍵少數採取杯葛預算或杯葛大法官與監察委員的任命，新政府想必不至於充耳不聞、不動如山。

所以，回到本文的題目：是誰沒收了「時代力量」的力量？答案是：把綠營與民進黨畫上等號的選民。期待四年後，台灣選民更成熟。

二〇一六年十月二十日

「賴神」的第一把火

台灣的公部門已經成了霍布斯（Thomas Hobbes）所稱的「國家巨靈」（Leviathan），不聽使喚、莫之能禦，那就難怪新政府任何打破既得利益的改革都舉步維艱，甚至招致反撲。

被稱爲「賴神」的賴清德終於成爲蔡英文總統的第二任閣揆，綠營支持者普遍叫好；「台灣民意基金會」日昨進行的民調顯示，蔡總統聲望因此急速竄升，由月前不及三〇%，勁升十六．六%，也就是目前有四成六的台灣人民贊同蔡總統領導國家的方式，這無疑是一個巨大的轉變，不能不歸功於內閣改組這項新人事安排。大家都準備迎接新人新政，預期賴院長會在立法院新會期之初，提出一套完整的施政指南，一掃過去一年多人們心頭累積的沉悶鬱卒。結果賴院長快手快腳，上任才第五天就突然宣布，明年軍公教全面調薪三%。這樣的新政第一炮，令我們陷入一陣錯愕與矛盾，在預期成眞之餘，也有意外與失望。

說眞的，我們並不喜歡做烏鴉，在賴神甫上任之際，就說些「不中聽」的話惹人厭，畢竟他是綠營公認的未來領袖人物之最。但稍做回想，早在七月他還沒要組閣，我們的〈綠逗社論〉就已經重重批判了他的「親中愛台說」，所以現在即使想要討好恭維，也有點時不我與，不如誠誠實實把我們對他上任後的第一把火或第一支箭，做一個理性的分析；如果賴神眞的不同於一般政客，他應該不會希望支持者把他當妙禪，就連師父想開勞斯萊斯名車代步，還得口口聲聲「感恩師父、頌讚師父」。

據聞這項「德政」，前任林全在今年稍早已經評估過，但基於國家整體財政負擔的考量，決定明年不調薪。沒想到賴清德來個「髮夾彎」，引來外界質疑是打臉林全。我們倒不在乎後任打臉前任，錯的政策本來就該去之後快、對的政策本來就該唯恐不及。我們只是不解，這個決策轉彎的背後，動機是什麼，原理是什麼。

對此，行政院發言人徐國勇表示，「因近來股市穩定，經濟發展也比原來的評估好，加上撤回總預算後開源節流，有經費因應加薪幅度；且八月底時工商團體也呼籲，政府若加薪就會跟進，因此盼能帶動企業界爲勞工加薪，這對大家來講都是好事情。」

歸納起來，這次決策的重要因素，一是因爲最近政府財政狀況改善，可以應付軍公教加薪所增加的一八〇億人事支出；二是因爲近年來實質工資停滯，想要爲民間企業幫員工加薪起帶頭作用。我們認爲這兩方面的理由都十分牽強脆弱。

先看政府收支情況的改善：最近股市站穩萬點、證交稅收會增加，而且經濟成長預測提高、綜所稅會增加，都是事實，所以財政收支狀況的確比預期樂觀，我們當然同感鼓舞；而撤回重編總預算，得以節約前次編列的無謂支出，更是讓人擊掌稱善。不過如果因爲看好今年的財政收入，就想給軍公教發紅包，理由未免不夠充分；就像一個辛苦持家的主婦難得有一筆意外之財，不再捉襟見肘，就馬上宣布餐餐加菜，把錢花掉，妥當嗎？近廿年來，台灣政府的整體財政收支狀況一直是入不敷出，中央政府的累積未償還債務已超過五兆五千億，每年還以超過二千億的速度增加，再加上逾一兆的地方政府債務，以及約十七兆的勞保與軍公教退休金等的所謂「潛藏」或未來債務，合計負債總額近二三．五兆，拿來除十七．五兆的「國內生產毛額」（GDP），我們整體負債比率近一三四％，什麼意思？意思是全民努力生產報國一年四個月，不吃不喝、不穿不用、不養不育，才能免於「債留子孫」。

或許認爲賴院長只不過開了一張一八〇億的支票，相對於政府負債可說是零頭而已，省下來也無濟於事，但話不能這麼說。須知政府人事經費是年度性的、不是一次性的，今年加薪三％，明年即使不再加，仍然要比往年的預算多出一八〇億，除非明年減薪三％。所以這筆增加的預算到底有多沈重，不是和政府總負債做比較，而是和年度財政赤字做比較才有意義；也因此，這筆支出幾乎佔了年度赤字的九％，不可謂小事一樁。更値得擔憂的是，目前的經濟前景或許亮眼，但在全球充斥的不確定政經因素下，以後年度股市與出口能否持續揚升，恐怕不能鐵口直斷；設若景氣轉向，那麼這筆額外薪資負擔要如何支應？難道還有其他

「開源節流」的項目備用？

或許認爲又不是積欠別國的「外債」，所以不會像希臘或海地一樣被追討，何必急著打消欠債？就算如此，那麼是不是這筆錢就該輪到軍公教加薪了呢？未必。就內部而言，台灣人口老化與少子化的趨勢已經勢不可逆，就外部而言，中國對台灣的併吞野心又日益高漲，政府爲了因應內外嚴竣的情勢，所設計的長照體系、採行的募兵制與規劃的軍備購置，無一不是必要的「錢坑計劃」，這些公共支出的新增需求，無一不具有預算編列的優位性，若非如此，林全內閣也不至於爲了取消退休公教「十八%優利存款」而大傷元氣。怎料「年改」的抗爭猶在眼前，新內閣卻把好不容易取得的戰果，毫不顧惜地「開開去」，而且受益的對象又幾乎是同樣的既得利益者（退休軍公教的月退與現職人員連動），眞是所爲何來？

再退一步說，即使我們認爲現職公務人員久未調薪，需要鼓舞士氣，這次提出的加薪計畫仍是相當拙劣的；常識告訴我們，全面性、齊頭式的加薪，講好聽點是讓大家都得到一個「小確幸」，講難聽點是讓陳庚金之流者「能撈就撈」，毫無獎勵或懲罰的作用，無助於政府整體工作效能；相反的，同樣的花費若以工作表現的評比爲分配基礎，則會成爲努力工作的誘因。阿扁總統時推行的考績制度，規定一個政府機關內，得「甲等」者最多七五%，於是我們在總統府內採取差別式的分配，依各局處的工作表現給予各單位五〇%到一〇〇%不等的甲等考績名額，再由單位主管依其內部各科室的表現做差別分配。同樣的總額控管，可以得到獎善懲惡的附帶效果，何樂而不爲。所以賴院長眞要激勵公務員士氣的話，可以要求行政院的部會各自設定一些指標項目，一年後由院方或主計總處評比達成率，做爲加薪獎勵的依據，總額一八〇億不縮水。

總而言之，財政寬裕只是軍公教加薪的必要條件、絕對不是充分條件，以軍公教加薪排擠其他施政項目，應該要有更充分的理由。即使理由充分，軍公教加薪也不必然是齊頭式，這種最方便的做法同時也是最無意義的做法。

其次，期待軍公教加薪會促成民間企業的員工加薪，也是疑點重重；只憑一些工商團體的口頭承諾就拿來釐定政策，未免太草率。我們依常理判斷，公務員與私部門勞工的報酬一般並無連動關係，因爲兩者決定於相互區隔的「勞動市場」，少有競爭性；也就是說，一般勞工多半不是因爲薪水的比較才選擇不做公務員，而是因爲存在考試門檻、無法躋身公務員的「鐵飯碗」，所以公務員加薪並不會讓民間業者擔心員工流失，必須跟進以留住人才。當然，也有極少數熱門企業或許是以高薪吸引了頂尖的畢業生，但就如台積電的工程師，絕不會因爲政府加薪三％，就打算改變生涯規劃，迫使張忠謀也要加薪留人。

經濟學原理告訴我們，公私兩部門的薪資若有水漲船高的間接連結，那是要透過「產品市場」的「乘數作用」而來，亦即軍公教人員加薪會增加他們的薪資所得與消費能力，連帶民間企業面對的市場需求會增加、企業爲了增加產品（商品與服務）的生產與供應，於是在勞動市場雇用更多的勞工，這些新增受雇者領到報酬，又會重複原初公部門加薪所觸發的循環效果，反覆在產品市場創造「有效需求」、刺激總體生產，並在勞動市場增加就業，所累積的效果稱做「乘數」。若是乘數力道夠強，就會造成民間工資上漲的後果。

如果不健忘的話，二〇〇八年底馬英九擔任總統不久，爲了緩解「金融海嘯」對台灣經濟的衝擊，也爲了挽救自己「六三三」狂言免於跳票，祭出「消費券」的必殺絕招，就是想透過乘數作用，說要讓經濟成長率增加一‧六八%。結果事與願違，經建會指出：消費券的投入讓政府多舉債八五八億，對GDP卻只增加三六三億，估計消費券對於經濟成長的貢獻僅約〇‧二八至〇‧四三%，是預期的五分之一左右。這一方面是因爲「支出替代率」高達六至七成，即三千六百元消費券平均有六成至七成是花費在本來就打算用薪資購買的品項，新增的消費需求只三、四成；另一方面是因爲購買的許多是進口品，所得外流，國內不會發生後續乘數作用，以致最終成果不但遠低於預期，甚至根本「不夠本錢」。

回頭來檢討軍公教加薪的總體作用，甚至會比狂發消費券更不樂觀，因爲政府人員原本就不是社會低收入族群，邊際消費傾向更低、支出替代率更高，而且即使增加消費需求，也有更高比率會用於進口商品或境外旅遊服務等等，都會壓抑乘數作用。如果國內有效需求沒有大幅提升，一般企業沒有多賺錢，爲何要爲員工加薪？

所以我們回到這篇社論的焦點：賴院長上台後迫不及待地宣布軍公教加薪，很難用經濟常理去解釋，一則政府即使有閒錢，沒有道理急著找個名目把錢花掉；二則即使是正當的名目，也沒有道理畫出一個可望不可及的大餅。但是大家都知道賴神不可能是糊塗人，他以院長身分做的第一個決策也不可能是毫無目的的政策，所以我們不得不「以小人之心、度賴神之腹」，把這次的公部門加薪視爲是一種單純的政治操作，獲取經濟效益只是表面包裝而已。更具體地說，賴神眞正的動機再簡單不過：討好軍公教。就是這樣的領悟，讓我們難免失望與遺憾，如果執政的民進黨內最受推崇的賴神，擔任行政院長要想順利施政，都必須先用安撫籠絡的手段，才能期待官僚體系的配合，那說明了台灣的公部門已經成了霍布斯（Thomas Hobbes）所稱的「國家巨靈」（Leviathan），不聽使喚、莫之能禦，那就難怪新政府任何打破既得利益的改革都舉步維艱，甚至招致反撲。十六世紀義大利的馬基維利（Niccolò Machiavelli）在其名著《君王論》（*The Prince*）裡，主張政治領袖應「刻薄寡恩」、「受愛戴不如受敬畏」，不是沒有人性、而是看透人性，因爲一般人不是「受恩毋忘」、而是「受恩即忘」，況且「施惠買來的情義不可靠，以高貴的情操獲得的忠誠才堅固」。

我們期待的賴神，不應該是低頭向官僚妥協、主動向軍公教示好的院長，我們期待的賴神是能展現堅定的意志與清晰的信念，讓公務體系樂意追隨的領袖人物。甚望賴神三思。

二〇一七年九月二十日

中國狐與台灣兔

若不是台灣政府與業界欠缺經濟上的「敵我意識」與戰略規劃，誤信大膽西進、互利互惠的短視謬論，哪裡有今天全球對之束手無策的紅色供應鍊？換個說法，若不是有天眞無邪的台灣兔，哪來不可一世的中國狐？很遺憾，新政府無視於中國狐的吃人夠夠，仍然選出一批台灣兔爲內閣的財經官員。

去年有一期《紐約客》（*New Yorker*, May 4, 2015）刊載一篇書評，引介一本絕版書的再出版，是十二世紀英國民間流傳的一個長篇「寓言故事」，叫做《雷納狐》（*Reynard the Fox*），給成年人看的。不要想歪了，不是限制級的意思，而是諷刺成人世界才有的爾虞我詐、欺上瞞下、唯利是圖、口蜜腹劍等等，不是兒童不宜看，而是兒童看不懂。據說這本書也影響了另一本政治名著——馬基維利（Niccolò Machiavelli）的《君王論》（*The Prince*），可能是因爲該書也提到，一個君王該同時顯示狐狸的精明與獅子的勇猛。不論如何，兩本書都可以說是政治厚黑學的經典。

書中的主角叫雷納，是一隻狡猾成性、毫無廉恥、爲達目的不擇手段的狐狸；他有一回要長途旅行，就邀了一隻老實的兔子古渥結伴同往。古渥剛開始有些疑慮，怕雷納心懷不軌，但雷納擺出「吳副」的樣子，歪著頭、皺著眉誠懇地說：「你有什麼好擔心的呢？你想想看，你是草食性的、我是肉食性的，我們吃的東西完全不同，所以在一起絕不會爲了爭奪食物而起衝突啦，你說是不是啊？」IQ不如柯P的古渥一想，這話蠻有道理，我們各吃各的、相安無事，路上還有照應，就歡歡喜喜地跟去了；但還沒到目的地，雷納肚子一餓，就把這個「自走餐」吃下肚去。可憐的古渥再也沒料到，雷納不會搶他的食物吃，但是會把他當食物吃。

在過去二十年間，中國經濟快速崛起，是從落後經濟竄升爲開發中經濟的一個異數；其他東南亞、中南美洲，或東歐的國家，要跨進開發中國家的門檻，無不顯得舉步維艱，障礙重重，唯獨中國好像輕而易舉、一蹴可幾；即使是當年我們台灣的「經濟奇蹟」，至少也是經過三、四十年，人力資源的持續累積與生產技術的逐步升級，才進入亞洲小龍之列。似中國過去每年持續兩位數的所得成長率，幾乎古今全球絕無僅有。當然最近這一、兩年，中國經濟開始露出疲態，原因也不難理解，不過本文所關注的，不是中國經濟在高速衝刺之後的放緩，而是在於中國從起步到時速百哩，何以能夠像超跑一般，比別人快這麼多？

有些人會把中國特殊的發展動能，歸功於其勞動人口眾多、消費市場非同小可，其他國家當然望塵莫及；這種理由禁不起分析，在某種程度上，這是一種倒果爲因的說法。光是比人口的話，印度不見得差多少、一些非洲國家也沒有在怕；但是對他們而言，人口數所代表的意義，乃是耗費糧食、耗用能源、耗損公共資源的一種沉重負擔，對經濟成長反而是一種下墜的拉力，成爲無法擺脫貧窮的主因。同樣的道理，人口眾多也不等於消費市場享有規模經濟，因爲在人口成爲勞動力之前，一般人民沒有勞動所得，何來消費能力？沒有消費能力，何以支撐起一個吞吐快速的消費市場？所以用膝蓋想也知道，一開始如何讓嗷嗷待哺的上億人口，轉化爲取之不盡的勞動力與用之不竭的消費能力，才是問題所在。

我們若檢視中國經濟的起飛，不難發現在這件事情上，台灣人扮演了一個關鍵的角色，也就是台商大舉西進、全方位提供的資金、人才、技術、行銷能力，正是中國這隻狐狸均衡發育的養分來源。中國自一九七八年底與美國建交後，就想把台灣一口吞下；一九七九年元旦發表《告台灣同胞書》，裡面指出「和平統一祖國的大政方針」，就是要推動「三通四流」，也就此開啓了台商投資的大門，而且自此以後，中國外經貿部、國務院、對台工作會報、全國人代大會、中央與地方的國台辦等「匪僞機關」，以及葉劍英、李鵬、楊尚昆、江澤民等「匪酋」，無不卯足全力對台招商，果真中國對台灣的招手有如雷納對古渥的邀請，統戰陽謀完全奏效。李登輝總統雖然提出「戒急用忍」政策，規定赴中國投資要申請核准並需經由第三地「間接三通」，以爲可以技術干擾、打消國人投資熱潮，結果大家若不是直接偷跑、就是先赴避稅天堂，進了「巴拿馬文件」，再轉往中國。陳水扁總統時祭出「積極開放、有效管理」政策，更只是喊話性質，反而更多科技業者也絡繹於途，台灣數十年建立的產業聚落與供應鏈，幾乎完全移出斷裂。就這樣，當年推動台灣經濟起飛的功臣，在中國推動了另一次更驚人的經濟起飛。十年前在新加坡參加一次國際經濟研討會，聽到一位外國經濟學者說：「沒有台商就沒有今天的中國。」不知是該笑、還是該哭。

今天台灣經濟被中國「磁吸」二十年，已經呈現嚴重的虛脫，做爲台灣老百姓，唯一能讓我們稍稍「苦中作樂」的，就是馬英九的「六三三」因此而跳票，但是眞正要受苦的是我們老百姓，而且連他馬的說要捐的半薪都還拿不到。近來不少產官學大人物紛紛大聲警告「紅色供應鍊崛起」，他們指出台灣與中國在世界分工體系中的角色已經由「互補」轉變爲「競爭」，而台灣在人力、技術、資金、市場等各種先天條件上都喪盡優勢，在國際政治經濟脈絡上也被中國成功孤立或邊緣化，所以未來台灣經濟帶給新政府的挑戰，令人難以樂觀。

我們對這種慢了二十年的後見之明，實在忍不住要吐槽一下：同樣這批人當初編造出各種「政治正確」的理由，爲台商投資中國聲援，什麼「政經分離說」啦、「和平演變說」啦、「比較利益說」啦、「和平紅利說」啦，遇有反對聲音則拋出「違背自由經濟」、「閉關鎖國」等大帽子，不去中國是大逆不道。如今這些人都默不吭聲了，他們不可以用「此一時、彼一時」來正當化他們過去的振振有辭，因為「此一時」收的果正是來自「彼一時」種的因。紅色供應鍊的崛起不是一朝一夕，紅色供應鍊的崛起也不會自動自發，若不是二十年來台灣人猶如「一江春水向西流」，中國如何由生產上的生手學徒，一躍成為國際市場上的競爭強敵？若不是台灣政府與業界欠缺經濟上的「敵我意識」與戰略規劃，誤信大膽西進、互利互惠的短視謬論，哪裡有今天全球對之束手無策的紅色供應鍊？換個說法，若不是有天眞無邪的台灣兔，哪來不可一世的中國狐？很遺憾，新政府無視於中國狐的吃人夠夠，仍然選出一批台灣兔為內閣的財經官員。琥碧戈柏（Whoopi Goldberg）在一部電影裡說：「如果我們不懂得從今天學習，明天有什麼用呢？」同樣地，如果我們連昨天的教訓都學不會，明天又能怎樣？

二〇一六年五月二十七日

從劉曉波之死談「親中愛台」

一個讓全世界景仰愛戴的人物，枉死在自己極權政府之手，國家領導人不做任何解釋、也不給一個道歉，那也就罷了，但自己的同胞竟然也視若無睹、相應不理，反而是其他各國人士同表悲憤，這種荒謬的畫面，恐怕只會發生在一個國家——中國。

最近幾週國際媒體的熱門新聞之一，是中國異議人士劉曉波之死。說劉曉波是異議人士只說對了一半，因爲他對共產政權的批判不僅坐而言，更是起而行——非暴力抗爭。其中最膾炙人口的，就是二〇〇八年推動所謂的《零八憲章》，劉曉波雖然不是原始起草者，但他親自登門拜訪知名學者尋求連署、並運用網路在海外串連，引發國際關注，對中共這個沒有合理統治基礎的政權而言，任何符合民主理念的抗議行動都是在「揭瘡疤」，任何訴諸國際正義的呼籲都是在「告洋狀」，所以劉曉波立即被拘捕入獄，以「煽動顛覆國家政權」的罪名，狠狠判刑十一年，對此劉曉波只回應：「我沒有敵人，我沒有仇恨。」讓中共更加惱羞成怒。

俟二〇一〇年，諾貝爾和平獎評審委員會有鑑於劉曉波在「六四天安門屠殺」以來，長期推動中國人權運動的表現，頒獎表揚他，當然被中共當局視爲西方強權故意「挑釁」，不准他前往領獎，以致主辦單位在頒獎台上爲他留了一個空座位，中共政權成爲全球民主社會恥笑焦點。此後不論各國政府或人權組織軟硬兼施、設法營救，都徒勞無功。劉曉波十一年的刑期到現在熬過八年，不知何時肝癌已悄悄上身，蔓延到末期才給治療，而且中國政府還拒絕病人與家屬欲出國治療的請求，最後保外就醫不到三週就離世。

對中國政府而言，劉曉波在刑期內過世、而且幾乎等於是在獄中死亡，當然又是一大難堪，獄中營養、衛生、醫療條件顯然都不及國際人道水準不說，劉曉波求仁得仁、以死明志，成了中國政權永遠無法去除的烙印。因此這幾天縱使國際上一片指責，包括聯合國及大部分西方國家領袖都對劉曉波表達悼念，國際人權團體對中共當局更是口誅筆伐，以「冷血野蠻」形容。

不過中共中央對此事卻隻字不提，好像中國多的是人，死掉一個算什麼，何況是個犯人；而更令人難以接受的是，中國廣大人民對劉曉波之死，到現在也沒有什麼反應。是啦，有些香港民眾舉辦了燭光抗議遊行，也有些海外民運人士舉辦追悼大會，但對照中國人民的冷漠，讓人不寒而慄：一個讓全世界景仰愛戴的人物，枉死在自己極權政府之手，國家領導人不做任何解釋、也不給一個道歉，那也就罷了，但自己的同胞竟然也視若無睹、相應不理，反而是其他各國人士同表悲憤，這種荒謬的畫面，恐怕只會發生在一個國家——中國。

有人試圖解釋：中國政府嚴密封鎖新聞，所以大部分中國人民沒有得到消息，甚至壓根不曉得有劉曉波這號人物。但封鎖很難做到滴水不漏，中國對網際網路設下再高的防火牆、對社群網站置入再多的攔截關卡、在搜尋引擎過濾掉再多的「敏感詞」，真要翻牆的、批文的、搜尋的，還是有辦法，所以非不能也、是不為也。問題在於中國十三億人口，至今知識分子與中產階級仍只佔少數，許多中國百姓還處在「個人自掃門前雪」的隔絕環境與自閉心態，除了攸關自家的利害損益，對公領域、大世界根本毫無興趣、毫不關心；有個叫劉曉波的被外國人視為英雄人物，與我何干？所以，這些自始至終不知道劉曉波的中國人，他們對中國政府而言是毫無威脅的「沉默羔羊」。

但是知識分子怎麼也都默不作聲？有一個說法是：大家都知道共產黨壞透了，但是到處是他們的公安武警，一有舉動就會被逮，不先自保又能怎麼辦？的確，像中國著名的維權律師高智晟，被譽為「曼德拉與甘地的結合」，多次獲得國際人權獎，也數度被提名諾貝爾和平獎，但在經過三度牢獄之災飽受酷刑後，據說目前身心俱已崩潰如廢人。再如推動「中國新公民運動」的許志永和王功權，主張中國應從「臣民」社會朝向「公民」社會轉型，推動民主法治，達成憲政文明。結果都以「聚眾破壞社會秩序」判刑四年，至今未放。依外國媒體報導，目前中國的監獄中還關著七百多位維權律師及異議人士，更不必說法輪功、上訪鄉民、地下教會等與官方對立的百姓，以及一些外國人權團體與獨立媒體的工作者，包括台灣的李明哲在內。換句話說，五百年前馬基維利在《君王論》對一個統治者的建言——「讓人民愛你不如讓人民怕你」，在今天的中國還是被統治者奉爲圭臬。這個「苛政猛於虎」的解釋，令人想起當年台灣仍在戒嚴時期的情況，若非有鄭南榕、陳文成等烈士的犧牲，召喚更多人奮不顧身衝撞威權體制，蔣經國恐怕還不會放棄一家獨裁、一黨專政的高壓統治。劉曉波的犧牲能否引發中國的「花朵革命」或「顏色革命」，以目前中國社會所顯現的「生意照常」（Business as usual）來看，毋寧是悲觀的。

但中國人民的沉默還有第三種解釋：劉曉波本來就是部分中國人眼中的麻煩製造者，好好的日子不過，偏要和政府作對，讓政府丟臉、讓社會不寧，不值得同情；不過現在人已經死了，不談也罷。這個解釋並非蓄意誹謗中國人，他們不但自己不敢反抗威權、也看不慣別人有勇氣，視敢反抗的人如寇讎。事實上，就在劉曉波病重的消息傳出之後沒幾天，「維基百科」上「劉曉波」條目就記錄到四十多次被改寫的企圖，都是不肖中國網軍知道事情曝光了、國際都在等著看，所以試圖造謠污衊他，來降低國際形象的損害。再往回看遠一點，你絕對無法想像，劉曉波獲得諾貝爾和平獎不久，一批中國文化界有頭有臉的人士馬上發起了一個「孔夫子和平獎」，並且專挑一些迫害人權的獨裁強人做爲給獎對象，例如普丁、卡斯楚，以及做了三十年還不肯下台的辛巴威總統穆加比（Robert Mugabe）。爲什麼選孔夫子當招牌？我想或許是因爲劉曉波曾經批評孔子只是個「庸才」，他們要給個教訓。

這類中國人並不是社會底層的村夫愚婦，反而大多是受過相當教育、過著舒適生活的資產階級，有些還是各級政府的官員和公務員，但不幸他們也是最投機、最自私、最狡猾、最反動的一群。他們明目張膽地爲行凶的專制政權辯護、不遺餘力地打擊受害的異議人士，所用的理由無非就是「主權高過人權」、「安定重於民主」、「繁榮勝於公正」等等強詞奪理的抽象口號。試問主權和人權何以不能相容？安定與民主何以必然牴觸？爲什麼社會繁榮非得有少數人的基本權利被剝奪？如果馬列主義與毛澤東思想不可挑戰、中國共產黨的領導絕對正確，何以黨內血腥鬥爭直到今天從沒斷過？針對劉曉波，我們可以更具體地問：維護主權爲什麼非得禁止人民去領諾貝爾和平獎？維持安定爲什麼非得把一個手無寸鐵的書生關到死，連妻子也軟禁？對這些中國人而言，這些辯論都是中了西方帝國主義的宣傳詭計，反正他們站在民族主義與愛國主義「正確」的一邊，政府不會找「好人」的麻煩，至於劉曉波是不識好歹、咎由自取。

從自閉、到自保、到自以爲是，這些中國人正是中共政權到今天還能獲得人民支持的最大功臣，印證了「有怎樣的人民就有怎樣的政府」。當然我們也不能否認政府與人民的互爲因果或因果循環；在高壓統治下，容易養出一批「馬首是瞻」的順民，所以「有怎樣的政府就有怎樣的人民」也沒有錯。在劉曉波保外就醫的同一天，湊巧《華盛頓郵報》報導了俄羅斯的一則民調結果，在票選全世界歷來最偉大的領袖人物時，排名第一的是史達林，得票三八％，因爲他領導蘇俄打贏二戰，雖然有數百萬人在「古拉格」勞改營喪命，但很多人認爲他功大於過；緊追在後的是普丁，得票三四％，因爲他穩定了蘇聯解體後的國家經濟、並奪回克里米亞半島，恢復了俄羅斯世界強權的光榮地位。另一個殺人魔王列寧排第四、彼得大帝第五；至於非俄籍的有第十四名的拿破崙、第十六名的愛因斯坦和第十九名的牛頓，得票各在九％到五％，這樣算不算「有怎樣的政府就有怎樣的人民」？我們不難想像，同樣的民調若在中國舉辦，前兩名非毛澤東和習近平莫屬。

現在進入我們的主題：一個半月前賴清德的「親中愛台說」引發議論。對此，總統府表示：「賴市長的發言和我們一直以來的看法一致。」民進黨副祕書長徐佳青則認爲「親中愛台」也是民進黨的基本原則和信念。

還原賴市長的「親中愛台說」：對台灣今年未能參加世界衛生大會一事，「當我們在表達中國這種封鎖做法的不同意見時，其實這是一種反抗，不是反中。……是在反抗中國大陸不理性封殺台灣生存空間，這是自然而然的事情，本意上不是要去反對任何一個國家。」

他進一步指出台灣與中國文化同源，地緣位置相依，本就應該相互尊重，台灣要親近中國、中國要親近台灣。可是中國一直想統一台灣，也不理會台灣的民意，更不願放棄武力併吞台灣，當然有很多台灣民眾，包括他在內，表達反抗的言論和行為。他說：「一個進步的台灣，可以帶動一個繁榮的中國；一個穩定的中國，可以提供一個安全的台灣。……以台灣為核心，向中國伸出友誼的雙手，透過交流，進一步瞭解、理解、諒解、和解。」他也表示「親中愛台說」優於前總統李登輝的「兩國論」和陳水扁的「一邊一國」，因為他們「雖然也是以台灣為核心，卻和中國關係一刀切」。一個小插曲是，中國民運人士王丹在臉書表示，若賴清德說的「中」本意是指「中國人民」或「中國」，那麼這就是他在台八年間看過最好的兩岸論述，王丹相信對岸社會和國際輿論都會接受這個論述。

不客氣地說，如果賴市長這些「囈語」以及總統府和黨中央的「背書」是在二十年前的說法，我們或許會附和王丹的激賞，但在今天聽來，不只老套、而且虛假；特別是在劉曉波以身殉道的日子，更覺刺耳。中國政權連自己的菁英都可以糟蹋蹂躪、沒有一絲顧惜，會因為台灣伸出友誼的雙手，就尊重起你的民意？中國目前呈現的凶殘面貌，是因為交流不夠產生的誤解？台灣進步可以帶動中國繁榮，難道沒聽說中國繁榮到已經幾乎買光台灣的國際友邦和外交空間？中國穩定可以提供台灣安全，難道不知道中國軍備的穩定成長，已經部署了一千多枚飛彈對準台灣？賴神如果也想獲得諾貝爾和平獎，就不能對中國裝出一副和平使者的樣貌，也不必為台灣人民「反中」的言行曲意辯解，反而要學習劉曉波對共產政權講真話、不屈服的精神，明白說出兩岸眞正的和平，只有中國放棄武統台灣才有可能；如果中共政權的「玻璃心」受不了眞話，那麼阿輝和阿扁的「一刀切」或許才是正解。

至於所謂「親中」的對象是中國人民，「愛台」是反抗中國封殺台灣生路，不是反對中國這個國家，老實說越解釋越糊塗，任何說法如果需要這麼複雜的包裝修飾，本身一定有瑕疵或陷阱。即使我們同意理論上：中國是一個抽象名詞，不等於中國政府，中國政府是一個政治實體，不等於中國人民。但在現實意義與實際運作上，中國就是指中國政府、中國政府就等同中國人民，因爲經過七十年的統治，多數中國人民已經不再有推翻腐敗政權的理想性與獨立自主的思考能力，已經被殘酷不義的共產政權所收編同化。既然在現實意義上已經是「三合一」的中國，王丹驚爲天人的區分是善意但天眞的。我們獨派不是「親中」而是「反中」，反對不尊重人權、虐殺劉曉波的中國共產政權，反對「自閉、自保、自以爲是」的中國人，也反對中國這個對台灣有敵意的霸道國家，就這麼簡單。

我的父母親都來自中國，當年兩個家族大部分的成員並沒有當機立斷逃到台灣，結果父親的六個弟弟和二個妹妹都留在中國，母親的二個兄弟也是如此，在台灣落地生根的就只有我們一家；其他較遠房的親戚也少有及時逃離的。七十年後的今天，老成凋零，但兩邊都有後代子孫，在中國的親戚人數還是遠超過在台的我們，算算共有三、四十人，不時有人會捎話要我「回去看看」。

劉曉波之死，依我私下的計算，全部中國親友之中，只有一位堂姑在越洋電話中爲劉曉波哭泣，另一位表弟也咒罵習近平，但他人在美國。

眞希望是我誤會了其餘人的沉默。

二〇一七年七月二十日

在「中華台北」與「台灣」之間

台灣目前的處境是，一方面急於脫離「中華台北」，另一方面又很難直接擁抱「台灣」，如何是好？答案是找一個過渡的折衷方案：我們主張用「台灣當局」（Taiwan Authority）取代「中華台北」。

先說一個令人鼻酸的笑話：

老陳自小失怙，中年乞討度日，晚年又貧病交加。七十歲生日前夕，老陳覺得或許是人生另一個開始，所以到一個算命攤位，請師父指點。師父看看手相，沉吟半晌說：「你命運多舛，在七十歲之前，沒有一天不爲了金錢煩惱的。」老陳一聽，趕緊追問：「Seafood 眞是神準；那七十之後呢？是不是苦盡甘來，不必再爲金錢煩惱了？」算命仙回答：「倒也不是，七十之後，你就會認命了、習慣了、麻木了。」

讓我們回顧一下台灣前半生的坎坷命運：台灣在一九四五年之前沒有別名，就叫台灣，但自中國國民黨被中國共產黨趕到台灣後，就冠上了中華民國這頂大帽子，與對岸的中華人民共和國互爭「中國」的正統。一開始由於美國撐腰，我們得以佔據聯合國的「中華民國」（Republic of China）席位，簡稱「中國席」（China Seat）；但到一九七一年被許多親中的國家聯手翻盤，改由中華人民共和國繼承該席位，席位名稱沒有任何改變，聯合國憲章裡還是叫 Republic of China，只是坐在席位上的政府已經由中華人民共和國接手。所以嚴格說，從那時起，不論是中華民國、中華人民共和國，或是中國，都成了同義字，指涉的都是對岸的「老共」。

蔣介石當然嚥不下這口氣，抱著美國的大腿，在國際上繼續「非法」使用中華民國的名號。直到一九七九年中美建交、台美斷交，終於成為壓垮「山寨版中華民國」的最後一根稻草。其後國際奧林匹克執委會即強硬要求我方更名，幾經掙扎，英文定名為 Chinese Taipei，中譯則發揮阿 Q 精神，自稱「中華台北」，把 Chinese 硬拗為「中華」；蔣家寧願保留中華民國的半截餘緒，也不肯還給「台灣就是台灣」一個公道。

「中華台北」至今已經使用三十五年，我們出席大大小小的國際組織，如國際貿易組織（WTO）或亞太經合會（APEC），都只准使用這個名稱，參與大大小小的國際活動，如世運亞運或各級棒球賽，也都得接受這個名稱，在會場的座位牌或賽會的計分板上，就是不能出現「台灣」這兩個字。

其實 Chinese Taipei 的正確英譯乃是「中屬台北」，也就是中國的台北；就像 British

Virgin Islands 乃是英屬維京群島、American Samoa Islands 乃是美屬薩摩亞群島一樣，都是指某一個國家的「屬地」；所以見到 Chinese，沒有外國人會認爲是「中華」，只知道是「中屬」或「中國的」，我們台灣就變成是中國的台北。這樣的稱謂根本不是一個國家的名稱，不僅抹殺台灣做爲一個國家的存在，而且連我們的首都也割讓給了中國。

台灣人忍受了三十五年「名不正言不順」的日子，現在好不容易換了民主進步黨的蔡英文全面執政，台灣可以說正進入一個新階段，比起老陳幸運許多；只要台灣人對「中華台北」沒有「認命了、習慣了、痲木了」，不打算就這樣苟且下去，那麼我們的後半生就有可能擺脫走到哪裡都被「污名化」的煩惱。

這樣說，並不表示新政府上台向國際一宣布，我們立刻可以正名爲台灣，國際上就不會再稱我們爲「中華台北」。正相反，我們要想以台灣爲正式國名，目前幾乎還是不可能的事，因爲這等同於要國際立即承認我們是一個主權國家，也就是會讓中國抓狂的「台獨」主張。國際政治講的是實力、不是道義，要其他國家干冒中國的大不韙稱我們爲台灣，除非中國先放下屠刀、痛改前非。或許有人會樂觀地認爲，川普帶頭以「台灣總統」稱呼蔡英文，是表示承認台灣不只是一個地理名詞、而且是一個國家名稱，我們何不順理成章自稱台灣？然而川普當時尚未就任美國總統，其當前的發言都不列入官方正式記錄，二〇一七年一月二十日之後，川普就要進入體制、接受種種政治現實的限制，是否會繼續在口頭或書面上堅持主見，我們並不能抱太大的期望。

所以台灣目前的處境是，一方面急於脫離「中華台北」，另一方面又很難直接擁抱「台灣」，我們正在「中華台北」與「台灣」的兩極之間，如何是好？

答案是找一個過渡的折衷方案：我們主張用「台灣當局」（Taiwan Authority）取代「中華台北」，做爲我們現階段進入國際社會的名稱，俟國際間願意承認我們是一個主權國家時，再進一步正式以台灣爲名。不可否認，「當局」是一種次於主權國家的政治實體，擺明了不是獨立的國家名稱，有些國人會感到刺耳；但也正因如此，這可以讓國際社會充分體會台灣願意委曲求全，在還未被普遍接受爲正常主權國家前，不強求正名爲台灣，以示對他國的尊重。但台灣的退讓是希望換得國際間的善意對應，不再沿用「中華台北」對台灣做精神虐待；若不能讓一個美女一舉改名爲「嫦娥」，至少先讓她把「罔腰」換掉。

這樣兩階段的正名，當然是一種策略安排，在「最佳標的/最高風險」與「次佳標的/較低風險」的方案間，寧可不能一步到位，也要取得某種程度的進展。但是「台灣當局」眞的比較有可能被接受嗎？有以下幾件事，多少可做爲佐證。

第一、在半年前的南海仲裁案中，原本菲律賓就是以「台灣當局」稱呼我們，事實上這也是國際對台灣一個相當普遍的稱呼，甚至連中國的國台辦或外交部都不時提到「台灣當局」。至於仲裁案的最後判決文中，改稱台灣爲「中國的台灣當局」（Taiwan Authority of

China），則是馬英九政府在仲裁期間一再自稱「中華民國」，仲裁庭有鑑於馬政府如此執著於China，所以在菲國對台灣的稱呼上再加個「中國的」，結果反而使台灣成爲中國的地方政府，莫名其妙受辱。

第二、台美斷交時，美國國會不滿白宮見利忘義、出賣長期盟友，立即通過一項《台灣關係法》（Taiwan Relations Act），表達對台灣的道義支持，這是大家都知道的事。大家也都知道這個法律在名義上是直呼台灣，但可能很少人注意，在內文上乃稱台灣爲「台灣統治當局」（The Governing Authorities of Taiwan），用意就在避免承認台灣是主權國家，但又能顯示台灣獨立於中國；套句國際法術語，台灣當局有「實質」（de facto）而無「法理」（de jure）的獨立。這是目前爲止，對台灣的國際處境最爲同情的立場，仍然只能做到這個地步，要用「台灣」名義加入國際組織的困難度，可見一斑。

第三、在國際上使用「當局」已有先例，那就是「巴勒斯坦當局」（Palestinian Authority）。一九四八年以色列在中東建國，「西岸」（West Bank）的巴勒斯坦人頓失家園，在一九六四年「巴解組織」（PLO）成立，爭取建立自己國家，引起以巴之間武力衝突不斷。到一九九五年發生一個重大的轉折，巴解組織轉化爲「巴勒斯坦當局」，表示以外交手段取代武力，尋求國際接受。三年後宣布建立「巴勒斯坦國」（State of Palestine），其後於二〇一一年提出入聯申請，次年聯合國大會一三五個會員國通過爲「非會員觀察國」。二

○一五年在聯合國前升起國旗，今年聯合國大會又邀請其「自治政府主席」在大會演說，與以色列總理同台。

這段簡短的巴勒斯坦建國歷程，頗有讓我們學習之處。巴勒斯坦與以色列的關係有些類似台灣與中國的關係，都是要在強敵的欺壓下，尋求自己的獨立建國。重點是，巴勒斯坦採用「當局」爲過渡，並不妨礙其建國的決心與行動，也沒有造成國際社會對其企圖心橫加打壓，反而一步步走向最終目標。

狄更斯（Charles Dickens）在《雙城記》描述說：「這是最好的時刻、也是最壞的時刻；是智慧的年代、也是愚昧的年代；是相信的時代、也是懷疑的時代；是光明的季節、也是黑暗的季節；是希望的春天、也是絕望的寒冬。我們眼前應有盡有、我們眼前一無所有；我們將一步登天、我們將一路沉淪。」凡是一個變動的時代，都可能是危機、也可能是轉機；如果不求突破，一味「維持現狀」，則老陳「認命了、習慣了、麻木了」的悲慘命運，很快就會臨到。

二○一六年十二月二十日

改革什麼？建設什麼？——期盼蔡總統的第二年

新政府眞要改革、眞要建設，請在面對中國的威脅時，挺直腰桿、不假辭色，不要再滋長中國「軟土深掘」的幻想。期待蔡總統執政的第二年，改革的是民心、建設的是國格。

蔡英文總統就職滿一週年，大家都在檢討她帶領之下新政府這一年的政績；由各種民調數字而觀，可以看出滿意的人遠少於當初投票給她的人數。多數民調是把禍首指向薪資停滯、物價波動等經濟問題，以及年金、一例一休、同婚等改革爭議；我們有不同看法，至少對我們這些「老綠男」而言，對蔡總統的失望另有緣故。

蔡總統日前在一次媒體專訪時對民調低落辯解：「我在就任前就設定第一年是『改革元年』，未來的一年則是『建設年』，政府接下來最重要的工作就是充分溝通和有效執行。」針對外界批評她沒有魄力，她反駁：「如果我沒有魄力，怎麼能夠在任期一開始就去解決年金問題？……還有產業結構調整、社會住宅、長照財源和計畫、能源結構轉型、轉型正義、前瞻基礎建設，這些可以讓台灣改頭換面的工作都已經啓動。另外還有司法改革，已經要到了收攏的階段。」

先改革再建設，先破而後立，話是不錯，但問題是蔡總統似乎把她的任務侷限在內政層次上，把她的魄力展現在行政效能上；我們要問的是：難道政黨輪替的功用僅此而已？改朝換代的意義不過爾爾？大家把大選當成一場「聖戰」來拚搏，只是因爲中國國民黨的改革與建設不夠多、不夠快？

的確，世界上有許多國家的領導人不時會「換人做看看」，主要是因爲過往的官箴廢弛、經濟凋敝、分配不公、社福不足，導致人民不滿；但對國際處境特殊的台灣而言，尤其是對關心國家前途的綠營選民而言，改正一些前朝施政上的「缺失」，改善我們的日常生活環境，眞的就是我們在這次大選拉下馬英九與國民爛黨的動能來源嗎？就是我們讓民進黨全面執政的終極目的嗎？果眞如此膚淺的話，我們沒有比劉曉波筆下的「羊咩咩」高明多少。他在《大國沉淪》書中批判中國「胡溫體制」說：政府「順民意、謀民利、得民心」只是一種「現代版牧羊術」，主政者恩賜性的「樂民所樂、憂民所憂」，其實是「羊毛出在羊身上」，建設所揮霍的都是人民的納稅錢，而「羊群的仰望、奉獻與馴順」卻支撐了「牧羊人的政績」，維護了獨裁政權。

那麼我們選出民進黨總統的期待究竟何在？在上述那次專訪中，蔡總統似有似無地觸及了這個核心問題：她比喻台灣像是一艘船，「船航行在海上，會遇到各種氣候、風浪，有的時候考驗非常嚴峻，這時候該怎麼度過考驗，確保不會翻船，每個乘客都能平安，就是船長的責任。我是船長，我會負起掌舵的責任，讓這艘船安全開往目的地。」是的，船長對乘客的關心，誠然令人感動，但我們以爲船長更大的責任在於掌穩船舵駛向「目的地」，而航程中翻船的風險，或乘客安全的顧慮，不應該成爲改變「目的地」的藉口。

或許蔡總統所謂的目的地，只是某個亮麗的經濟發展指標或傲人的社會福利水準，但我們認爲，把台灣視爲是一艘船，而大家在船上命運相繫、同舟共濟，所指的應該不只是「經營一個經濟體」或「管理一個共同社區」，而應解讀爲更高層次的「領導一個國家」。台灣要駛向何方，或者更具體地說，台灣的國家定位何在，這個問題一直是蔡總統沒有明確作答的考卷，也是我們對新政府無法滿意的最重要原因。

蔡總統或許會覺得冤枉，就在民進黨提名她爲總統候選人之後不久，她對台灣何去何從的問題已經給過答案。二〇一五年六月初，她在美國「戰略暨國際研究中心」智庫（CSIS）演說時如是說：「推動兩岸政策必須超越政黨的主張，考慮社會的共識，而台灣內部已有了廣泛的共識，就是維持現狀。……這符合各方的最佳利益，……兩岸之間應珍惜並維護二十多年來交流互動所累積的成果。我將在這個堅實的基礎上，持續推動兩岸關係的和平穩定發展。」

不管這個政策眞的出自蔡英文團隊獨具慧眼觀察到的「台灣共識」，還是爲了贏得葛萊儀、卜睿哲等美國政客誇獎一句「蔡英文不給中國生釁空間」，她冒然祭出「維持現狀」做爲對中國政策的主軸，嚴格說來，不只是「超越」而更是「顚覆」了民進黨長久以來所推動的「公投、正名、制憲」等傳統理念，這些「國家正常化」的方案與「維持現狀」的立場完全沒有交集；前者毫無疑問是以「駛離中國」爲航行方向，後者即使不是直接「駛向中國」，一旦考量她所謂「在堅實基礎上，持續推動兩岸關係的穩定發展」的附註，至少帶有迂迴「駛向中國」的伏筆。眞正的「維持現狀」至少應該像蔣經國當年的「不接觸、不談判、不妥協」，不是嗎？

「好在」蔡英文的善意，換到的是中國當局的絕情，「維持現狀」並不能滿足對方「九二共識」的價碼，以致於蔡總統就任後，中國在各方面的打壓接踵而至：譬如鼓動甘比亞與我斷交、排除台灣參與多邊經濟協定、阻擋台灣列席「國際刑警組織」與「國際衛生大會」、派遣航母及戰機環行台灣、脅迫各國將台籍嫌犯先遣送中國、綁架台灣人權工作者李明哲、恐嚇日本不得對台友善、策動退將赴中朝覲習匪、收買現役軍官在台竊取軍情，至於佈建第五縱隊伺機製造社會不安，更不知凡幾。

我們注意到，一年來蔡總統「委曲求全」的策略不受影響，一方面仍然堅持「維持現狀、發展關係」的喊話，另一方面又把一個更溫情的「口頭禪」掛在嘴邊，那就是對中國的

「期盼」或「希望」，特別是在外國媒體的專訪時，或對國際社會發聲時，總會出現這類天眞爛漫的字眼，好像訴諸事理猶嫌不足，必須再動之以情。我們無從得知以下這些文稿出自哪位幕僚之手，但建議在內閣改組之先，不妨考慮換個比較不會做「白日夢」的人：

> 「我方確保零意外，期盼透過各種管道能逐步建立互信」、「期盼習近平在處理兩岸關係時，展現多一點彈性」、「期盼他能體會台灣是一個民主社會，台灣的領袖必須遵照民意」、「希望兩岸和平發展能一步步走出來」、「維持台海和平以及兩岸關係的穩定與發展，是各方共同的期待」、「期盼兩岸執政黨能放下歷史包袱，展開良性對話」、「我們期待相關國家能秉持相同方式進行協商，來和平解決南海爭議」、「與川普通話，以窄化的方式看待並沒有必要，期盼用正面看待」、「希望未來在新形勢下，共同致力於開展兩岸良性互動，創造有利區域和平繁榮與安定發展的格局」、「我盼望對岸的領導人，能夠正確解讀去年選舉的意義，以及從去年開始，台灣不斷釋出的善意」。

歷史一再證明：把和平的希望寄託在敵人的身上，結局就是本身的滅亡；二戰時期歐洲各國對納粹德國的一讓再讓，不但沒有使希特勒自我收斂、適可而止，反而胃口越養越大，企圖與日本聯手統治全世界。邱吉爾有個比喻很生動：「姑息主義者像是餵鱷魚的人，一心只希望鱷魚最後才吃他。」但不論先吃後吃，討好縱容野心侵略者，最後都是死路一條。對付中國這種敵人，不是訴諸道義、訴諸理性，更不是放低身段、好言相勸，任何息事寧人的企圖只會使對方得寸進尺、變本加厲；蔡總統如果到今天還對中國當局有所「期盼」，恐怕先會失去我們這些選民對新政府的最後一絲期盼。

美國傑佛遜總統（Thomas Jefferson）曾說：「政府能『爲』（do for）人民做些什麼，要看政府『對』（do to）人民做了什麼。」台灣今日號稱民主自由，藍紅選民卻不顧民主自由得來不易，必須全方珍惜保護，反而處心積慮要把台灣送入中國的虎口，希望自己最後才被吃。這種變態心理正是以往統治者「對」人民心智所造成的最大傷害與扭曲，再多的錢淹腳目也難以彌補。新政府眞要改革、眞要建設，請在面對中國的威脅時，挺直腰桿、不假辭色，不要再滋長中國「軟土深掘」的幻想。

期待蔡總統執政的第二年，改革的是民心、建設的是國格。

二〇一七年五月二十日

「小英總統」能從「大英公投」學些什麼？

我們最無法容忍的不是「維持現狀」主張本身，而是她一再強調「這是台灣的主流民意」、「是台灣社會的最大公約數」、「民調顯示百分之七、八十的民意都主張維持現狀」，所以做爲一個全民總統，她不能違背這樣的主張；說句不客氣的話，如果這不叫民粹政治，就沒有民粹政治可言了。

大英（Great Britain）公投在六月二十三日結果出爐，至今還不到一個月，但在台灣輿論界已經像是船過水無痕，幾乎不再有人討論。這一方面是因爲台英雙方的經貿關係並不特別突出，無論是透過歐盟（EU）或是單獨與英國往來，差異有限得很；另一個原因是英國「脫歐」與台灣「脫中」還是無法直接做連結，因爲英國自一九七三年元旦公投加入歐洲共同體（EEC）以迄於今，都是歐盟的一個會員國，所以這次用「脫離」（Brexit）是名符其實的，但台灣自始就不是中國「神聖領土的一部分」、至今也不曾是中華人民共和國「神聖領土的一部分」，所以無所謂「脫中」公投，最多是舉行「正名公投」，把強加在台灣人民頭上的「中華民國」魔咒去除。既然經濟與政治兩方面似乎都與台灣的關聯性不大，難怪在新聞版面只能維持三分鐘熱度。

但是大英公投對台灣真的意義有限嗎？當我們深入探討這個公投的來龍去脈，不難發現它所蘊含的重要啓示——尤其是對新上任的小英總統而言。我們先做一個概略的回顧。

毫無疑問，這次公投結果對大英執政當局是一大挫敗，首相卡麥隆（David Cameron）所領導的保守黨主流以及企業界、勞工界等，基於由歐盟可獲取的龐大經濟利益，都主張脫歐會帶來貿易與投資的損失與不確定性，當然希望「照舊」（Remain）留在歐盟；另外大英王國內的蘇格蘭、愛爾蘭等國也不願脫歐，圖謀利用歐盟總部布魯塞爾來制衡大英首都倫敦，讓他們保有周旋於「兩大」之間的政治操作空間。所以當卡麥隆首相在二〇一三年初宣稱，將在二〇一六年以公投來決定英國去留時，大家都不看好「脫歐」一方；甚至到今年投票前四個月，民調仍然顯示兩位數的差距。不料進入最後三個月，差距急速縮小，結果執政所在的英格蘭開出大宗「脫歐」票，逆轉大局。

一些主流的國際媒體評論這是「民粹選民」（populists）造成的結果，直白一點的說法就是這些年紀偏大、教育偏低的選民有點「不可理喻」，在當前「全球化」的時代，他們不知吸收新知、與時俱進，反而容易被國家主義、保護主義、分離主義、孤立主義等過時又自私的想法所煽惑，明明應該從貿易利益的考量來做決定，他們偏偏去談一些國家主權的問題；明明移民對英國財政的利大於弊，他們又偏偏強調社會安全；甚至還有些人直到投票時，仍然搞不清楚脫歐的嚴重後果。而卡麥隆明知民粹當道，卻仍然舉辦無法掌握的公民投票，若不是自找苦吃，至少也是自作聰明。

雖然我們承認這次公投確實有相當的民粹成分，但這不代表公投的結論本身有何不妥；全球化或經濟整合對一國的千萬庶民必然會有程度不等的利益或損失，如果政府沒有顧及分配正義的補救原則，當然不能期待全民都樂意穿同一雙鞋，何況在經濟利益與主權伸張之間的取捨，本來就可能人各有志。如果留歐不成，就把不以經濟掛帥的多數民意指責為民粹，反而是濫用民粹做為攻擊對方的武器，墮入菁英主義者（elitists）的另一個極端。

我們要指出一個普遍被誤解的觀念，那就是民粹與否並非在於投票後的結果，而是在於投票前的宣導階段；投票過程如果缺乏正確的資訊提供與意見交流，以致於多數選民只能「跟著感覺走」，則不論結果多麼值得肯定，嚴格說這樣的投票都是民粹、不是民主。換句話說，民主與民粹都是尋求多數認同，但前者不只「重量」也「重質」，歷史上獨裁政權可以獲得萬民擁戴、劣質政客可以連選連任，都是愚弄人民、操弄民粹的結果，因為他們的支持者得不到真正的民主教育，沒有獨立思考的自由。

卡麥隆首相自二〇一三年宣稱在二〇一六年舉辦公投以來，三年期間似乎把公投一事拋諸腦後、毫無動靜，直到二〇一六年初英國本地出版的《經濟學人》（*The Economist*）期刊才開始刊登一系列有關的評論，而卡麥隆首相則到二月中旬之後才定調反對脫歐。這樣的過程當然有利於民粹展現，因爲民粹就是比較容易受情緒渲染、憑直覺判斷；相反的，主打經濟理性的一方，則必須要準備充分的數據，靠「勞力密集」的時間投入，才能讓主張發酵、移轉選民傾向。由此可見，這次執政當局的急就章式公投，才是民粹勝出的最大原因，與其責怪選民民粹，不如責怪自己爲何不及早把事情說清楚、講明白，讓大眾信服。

至於卡麥隆首相爲何會事到臨頭才緊張起來，說來很難相信，因爲他本身對歐盟的看法始終搖擺不定，難怪有人形容他「開著一台馬力十足但駕駛盤鬆掉的跑車」。除了歷史上英國與主導歐盟的德法雙雄本來就有的競合關係之外，卡麥隆個人更「不好逗陣」。幾乎十年前他還是反對黨的主席時，就站在大英本位立場，表態要把歐盟「邊緣化」；二〇〇九年又率該黨退出歐盟各國共組的「人民黨」聯盟；二〇一一年他否決歐盟一項「挽救歐元區」的提案；二〇一四年企圖自行在歐盟分配的難民人數上設限；緊接著二〇一五年甚至曾揚言要帶頭倡議「脫歐」。歷來這些舉動在在顯示他對歐盟興趣缺缺。直到今年二月十九日出現大轉彎，他在歐盟高峰會上要求給英國特殊待遇的談判得逞之後，他突然表示參與歐盟對大英王國各方面都有利，呼籲續留；其後四月十八日，財政部也才匆匆發布一份「做爲歐盟會員的成本效益研究」，表示脫歐有損英國的GDP成長，來配合他的宣示。但是一般人對這位首相已經有「朝三暮四」的印象，許多同黨的政治領袖以往跟著喊脫歐，現在陷入兩難：如果留下眞的那麼有利，當初主張「不留」是頭殼壞去？所以三三〇位同黨國會議員之中，有一五〇位仍然支持脫歐，二十九位內閣成員中也有六位公然唱反調。我們認爲這是卡麥隆「聰明反被聰明誤」，不是怪他讓大英王國成了「孤獨美食家」，而是怪他事前沒有提供英國選民充分的論辯思考機會，讓公投決定國家前途的民主美事，蒙上了民粹陰影。

現在我們可以回頭看，小英總統能從大英公投學習到什麼教訓？

首先，大英公投的結果不符合執政當局的期待，不代表舉辦公投事屬不智，更不代表以直接民主補強議會民主，必然會導致民粹政治的後果。公民投票是一種最高級的「參與式」（participatory）民主，不假手民意代表，而是讓人民對國家的大政方針直接做出一個明確的選擇，少數服從多數，神羅政府服從人民頭家，可說是民主政治的極致。一方面會使人民產生「當家做主」的自覺；另一方面又養成對集體決議「願打服輸」的氣度，將服從多數視爲一種參與權利的同步義務，久而久之演進爲自主、負責、尊重他人、反對威權的現代公民。但近代民主理論又指出更關鍵的「思辯式」（deliberative）民主，強調集體決策前的意見溝通與論辯，更是尋求民意共識、達到民主境界的必經途徑，其重要性絕不下於參與投票；投票只是民意的外在表達，但溝通論辯卻有助於民意的內在形塑；僅只參與而無思辯，就有淪爲民粹的風險。因此公投提案的主文與說明、公投前的公辦政見會或公聽會，可以讓訴諸情緒或誤引資訊的民粹成分減到最低，甚至可以讓蓄意模糊眞相或造謠生事的有心人士原形畢露。民主機制由投票本身進階到一個尋求眞相、辨別是非的辯證平台或對話論壇，這才是成熟的民主。中國國民黨統治之下，一向把公民投票視爲洪水猛獸，不能不佩服他們的「好眼力」；但如今民進黨全面執政，如果對公投也畏首畏尾，連日前黃昭順委員在立院主動以公投爲題進行質詢時，新政府都不敢將計就計、借力使力，促成「鳥籠公投法」的翻修，那與國民黨的鴕鳥心態何異？

其次，台灣前途的決定不容淪爲民粹。小英總統選前選後都指出她的基本國策是「維持現狀」，再具體一點的說法是：「尊重現行中華民國的憲政體制。」我們最無法容忍的不是「維持現狀」主張本身，而是她一再強調「這是台灣的主流民意」、「是台灣社會的最大公約數」、「民調顯示百分之七、八十的民意都主張維持現狀」，所以做爲一個全民總統，她不能違背這樣的主張；說句不客氣的話，如果這不叫民粹政治，就沒有民粹政治可言了。我們不免想到在大英公投一星期前被刺殺的那位年輕女性國會議員考克斯（Jo Cox），《經濟學人》爲她寫的「訃聞」提到，她不久前曾就難民議題質詢態度模稜兩可的卡麥隆首相：「你到底是在引領民意、還是只會跟著民意走？」卡麥隆首相因而改變了政策。我們也想請問小英總統，妳是要引領民意、還是隨民意起舞？如果在中國國民黨洗腦統治台灣半世紀之後，在隔海的中國霸權威迫利誘無日無之的壓力下，在美國自己承認一切外交政策都以「美國利益」爲優先考量的情況下，妳還認爲台灣人民不必重新接受民主教育，目前的主流民意就值得照單全收、矢志不渝，那麼我們懷疑總統府是否乾脆改爲一家民調公司就好。

再次，或許我們誤解了小英總統，她擁抱主流民意不是出於獲取多數選票的功利策略，而是認爲「維持現狀」本該如此，自稱「中華民國」本來就是好主意。但問題是這些說法無不徹底推翻了民進黨一貫的「獨立建國」招牌，甚至連較溫和的「正名、制憲、入聯」決議文，都有明顯牴觸。做爲民進黨籍的總統「打著綠旗反綠旗」，當然是政黨內部發生裂解的開端，目前基於執政利益或可暫且按捺，等到下次選舉一到，就可能因分配不均而表面化。這星期舉辦的「全代會」就是現成的例子，一些心懷不軌的代表已經企圖以「維持現狀決議文」取代以往凝聚意志的「台獨黨綱」與三個決議文。身兼黨主席的小英總統應該警覺，民進黨其實是綠營的縮影，若始終不把「維持現狀」與「中華民國等於台灣」的立論基礎闡明清楚，若始終只是把諮議對象限於親民黨的高層，閉耳不聽其他獨派團體的聲音，日後必然導致綠營的分裂，也危及台灣的前途。就如卡麥隆首相在大英公投前的三心兩意，使得黨內意見領袖分裂投票，儘管最後努力想要扭轉局面，只是爲時已晚。小英總統千萬不要用「可以做、不可以說」來合理化她的作爲，來推諉與質疑者的公開思辯，因爲在言論自由、表達自由的民主社會，一個不能見光的主張，不可能是福國利民的。怕激怒中國？怕得罪美國？怕惹惱藍營？都不是「講不出口」的理由，讓台灣人民有機會自己判斷好嗎？小英總統就任之後，已經發生多次讓我們這些台獨「基本教義派」傻眼的事，除了一波波人事任命的泛藍化，還包括世衛大會的「中華台北說」、老榮民事件的「認同無罪說」、南海仲裁的「護島不護台」等，如果小英總統對外界提出的政策異議，總是敷衍一句「尊重個人看法」就算了，不思做爲闡述理念、教育大眾、形塑民意的絕佳機會，只怕有朝一日被迫要做出一個不討好的選擇時，再想解釋爲時已晚。

最後，我們想提醒小英總統，「維持現狀」是一個很爛的選舉口號，就和大英公投的「照舊」一樣，給人一種沒有作爲、不求進步的印象；說句不吉利的話，如果小英下回參選連任沿用這個口號，只怕會失分。我們看各國各黨各次選舉的標語口號，若不是「改變」、「向前」、「是的，我們能」、也會是「新政」、「新境界」、「再出發」，最保守的俄羅斯共黨至少也喊喊「做正確選擇」——儘管人民根本無可選擇。其實，我們不但希望小英總統今後不要再用「維持現狀」當選舉口號，我們更希望小英總統今後的治國心態，也不要再只圖「維持現狀」。

天佑台灣。

二〇一六年七月二十日

補正「鳥籠公投」，慎防「過猶不及」

我們支持民進黨在〈公投法〉加入對投票贊成率做適度要求，不僅如此，我們還主張另外加進一個「投票率免罰標準」：凡是公投提案者無法動員足夠的支持者投票以達到這個標準，就要沒收事前繳交的「保證金」。

美國政治學泰斗道爾（Robert Dahl）在他的《民主理論的序言》（*A Preface to Democratic Theory*, 1956）這本經典著作的最後一句話說：「在所有政治藝術中，民主政治的困難度最高。」意思是，人民做主的理想固然最崇高、但最難做到，而所以「知易行難」，乃是因爲實施民主要先瞭解民意，但對任何一個政策或法案，民意可能百百種，到底何人的意見才是眞正的民意？何況民意又如流水，到底何時的民意才是眞正的民意？西方民主國家用代議式民主制度來解決這個「民意何在」的問題，一方面用投票的多數決來指認主流民意，一方面再以定期選舉來指定特定時期民意的代言人。但由於選舉制度本身存在設計上的侷限，譬如「簡單多數決」與「相對多數決」可能產生不同贏家，或「循環多數現象」與「代理人道德風險」等難題，都令人困擾；而台灣人耳熟能詳的選舉暴力與政黨賄選等人爲操作上的弊端，更到了見怪不怪的程度。所以代議式民主充其量也只是一種「嘸魚，蝦也好」的方式，並沒有讓道爾教授放下心中的大石頭。

不過隨著科技的進步、交通的改善與人權教育的普及，近代民主國家逐漸由間接民主走向直接民主，特別是在擇定國家領導人或決定重大國策時，讓全體公民得以親自表達意見，自然有利於探求眞正的民意，所以「公民投票」成爲民主國家追求的最高境界，而台灣也在二〇〇三年由立法院通過一部〈公民投票法〉。

不幸的是，當時中央政府雖然由民主進步黨執政，主掌立法的國會卻是由國民黨與親民黨所主導，正如同這兩個政黨掛著「親近人民」的羊頭、賣的是「獨裁打手」的狗肉，他們核定的〈公投法〉也徒有「公民」的名義、卻充斥「威權」的實質，因爲公投議題在成案之前，必須先獲得全體選民數千分之五的超高提案人數支持，才能遞交官府，大部分提案可能在此階段就已經胎死腹中了。就算提案成功，接著要徵得立法院與行政院相關權責部會是否同意放行，這是標準的「球員兼裁判」；僥倖沒有被刁難，又要送到行政院指派的「公投審議委員會」做內容與文字的聽證與審查，可以被要求刪除議案主題或說明中一些關鍵但敏感的字眼，讓提案的意義全失。即使修改到審議委員會滿意了，接著要取得全體選民數百分之五的超高連署人數，才能正式開跑，大部分提案可能已經半途而廢了。好不容易終於獲准募款宣傳了，這時又面對另一階段更困難的考驗，因爲在投票人數上，規定要達到全體選民數的一半才有計票的需要，否則是投票無效，全案視爲不通過，大部分提案可能因此無疾而終。這麼多的障礙，簡直就是故意要讓公投案毫無勝算，難怪這部〈公投法〉被稱爲「鳥籠公投法」，貼切地描述其禁錮人民公投權利的卑劣心態。

去年民進黨首次全面執政後，國會議員立即宣告要以「補正公投法」爲優先法案之一，讓人民得以依法行使直接民主。立法機關主動宣示「還權於民」，是台灣民主邁向成熟的一大指標。其後，同屬綠營的時代力量黨與民主進步黨分別提出修正草案，在廢除「公投審議委員會」、簡化議案事先審查程序，以及降低提案與連署門檻等規定上，都做出相似的修正方向，例如提案人數大幅減爲萬分之一、連署人數則減爲百分之一．五，這與連署總統的門檻一致，都合情合理。唯兩黨在公投案最終的通過門檻上，卻有極嚴重的分歧，這是本文以下分析的重點。

媒體指出，時代力量黨主張公投案通過與否，應與投票率的高低無關，也就是公投一旦成案了，就採簡單多數決，就算全國只有三個人投票，兩票贊成就是通過，其他一千多萬合格選民，不能因爲自己棄權而有所主張。民進黨對此則有保留，認爲原先投票率過半才算的規定固不足取，但也不可毫無限制，所以主張贊成票應有選民總數的四分之一以上，才算通過。這是一個有條件的多數決，也是一個有彈性的多數決：設若選民總數爲一百，若只有二十五人投票，則只要其中一人反對就否決，但若有五十人投票，則只要不超過半數反對即通過。這個改良式公式與原先呆板的「雙二分之一」要求——投票率與同意比例均達五〇%——有所不同，因爲投票率不到二分之一也沒關係，但至少要到四分之一。

有人認爲這樣的規定是以大的「狗籠」替代小的「鳥籠」而已，爲德不卒、畫蛇添足。我們不認爲如此，我們支持民進黨在〈公投法〉加入對投票贊成率做適度要求，不僅如此，我們還主張另外加進一個「投票率免罰標準」：凡是公投提案者無法動員足夠的支持者投票以達到這個標準，就要沒收事前繳交的「保證金」，金額另訂之。這個主張看起來像在開民主倒車，但我們有如下的理由：

首先，投票率低往往代表社會大眾對某一公投議題並不重視、也無太大的反感，若此時連贊同者也興趣缺缺、不踴躍出來投票，則一動不如一靜，這種案子不過也罷；反之，若是大眾關心的重要議案，正反雙方都會全力動員，則投票贊成率的門檻應不致構成勝負關鍵。以往由於總投票率須達二分之一的高門檻，當改革與反改革的雙方勢均力敵時，反方可藉不投票、或甚至另提對案以分散投票，達到杯葛的目的。〈公投法〉依民進黨版本修正後，這種策略性的玉石俱焚手段，將很難奏效。

我們更重要的考量在於，投票贊成率門檻可以防止有心人士反向操作公投權利、濫用〈公投法〉。新公投法在提案與連署人數的門檻上既已調降到數千或數萬不等，則今後對檯面上的政黨或政治團體而言，公投案的提出都將易如反掌，假設未來連投票率門檻都全面取消，則在「唯恐天下不亂」的動機下，可以想見藍營團體、甚至紅營「第五縱隊」將以層出不窮的公民投票案來製造紛擾。若綠營置之不理，則他們禍國殃民的提案將輕易過關；若隨之起舞，則朝野疲於奔命、社稷永無寧日。唯有在投票贊成率上設下關卡，才可以防範這種視民主為兒戲、用公投為武器的賣台分子。

何況舉辦公投不免要消耗公共資源，公投案件浮濫勢必導致政府財務負擔加重。以現行〈公投法〉所明訂的政府義務而觀，最起碼有「公投期間調用各級政府職員辦理事務」，這些事務包括查核提案人與連署人年籍與資格、建置電子系統供登錄、編印投票公報及選票、安排投票場所並維護秩序、處理開票計票驗票等工作，尤其還要「以公費在全國性電視頻道提供時段，供正反意見代表發表意見或進行辯論，……至少舉辦五場」，可知政府為了保障人民公投權利，確需投入龐大的人力物力支應。既然辦理公投不是毫無代價，如果不課以「使用者」一定的動員責任，等於變相鼓勵浪費納稅人的血汗錢，此所以我們主張提案者應繳交一定金額的保證金，若投票率達到最低標準，比方說百分之十，則可全數領回，否則沒入國庫，充抵部分公費支出。

報載林義雄前主席為了促請蔡政府及早履行「補正公投法」的承諾，即將以「接力絕食」的自苦方式在民進黨中央黨部展開靜坐活動。我們深恐立法院在倉促之中未及深思，即將投票率門檻一併視為「鳥籠」，去之而後快，造成「過猶不及」、無法彌補的後果，所以提出我們的擔心。今天台灣社會充斥那些鼓動公務員「能混則混、能撈則撈」的藍營敗類、那些「誓死捍衛十八%」的退休軍公教團體、那些「海峽兩岸一家親」的高官與「國軍共軍都是中國軍」的退將，這些人毫不顧惜台灣的安危，恨不得讓新政府早日破產，他們把「人民做主」的公投機制反轉為「人民做惡」的鬥爭工具只是遲早的事，綠營有識之士不可不防。

二〇一七年四月二十日

一則嚴肅的烏龍報導

以下是本會特派記者成思夢於六月二十八日在立法院傳回的特別報導，如有屬實，純屬巧合。

黃昭順委員（以下簡稱委員）：請媒體朋友注意，今天我要質詢林全院長的問題十分重大，各位要聽仔細了。本席前次質詢「台三線」是哪三條，大家瘋狂報導，但是還是沒有回答是哪三條；幾天後本席再提質詢「客家鈴聲響」怎麼唱，大家又瘋狂報導，但是連是「四句聯」還是「黃梅調」都沒有人知道。這就是媒體配合官員模糊焦點的結果，所以今天林院長應該好好回答本席的質詢，院長，可以嗎？

林全院長（以下簡稱院長）：蔡總統早在出訪巴拿馬之前，就再三叮嚀我們要謙卑、謙卑、再謙卑，對委員的質詢聽懂的要回答、聽不懂的也要想辦法回答。

委員：你亂說，小英是叫民進黨的立委質詢時要對官員客氣、客氣、再客氣。但是你不要搞錯，我是國民黨的，她管不到我們。

院長：蔡總統要做全民的總統，不分黨派……。

委員：那好，院長知不知道什麼叫「偷——」？

院長：偷——？妳是說把人家的東西……？

委員：蛤？「脫歐」，你都不懂吼！上星期英國舉辦全民公投，結果決定要從歐盟脫離，放棄歐盟會員國的身分，簡稱「脫歐」。

院長：這我清楚，委員是要問我英國脫歐對我國經濟的影響是嗎？

委員：你不要自做聰明，那個我已經向央行要了一份簡報，你以爲只有你有？我要質詢的是更重大的問題啦。我問你，民進黨執政後，先是衛福部長在世衛大會的致詞中，完全不提台灣，但是這次蔡總統在巴拿馬卻又自稱是台灣總統，自己國家的名稱都搞不清楚，搞得二千三百萬人民不知所措，非常的可笑。院長，你怎麼都不笑？難道你覺得不可笑？

院長：（擠出一個尷尬的笑容）

委員：還有，昨天本院排審〈兩岸關係條例〉時，民進黨立委甚至把「兩岸兩國」的文字都放進立法院的正式文書裡，以後還有什麼不可以的！本席一夜無眠，深感兩岸關係是台灣二千三百萬人民必須面對的問題，與其遮遮掩掩下去，不如大方面對，所以……

院長：（笑容消失，顯出面臨重大挑戰時的嚴肅神情）

委員：所以決定今天在此呼籲院長效法英國舉辦公投，對我國的名稱與兩岸的定位做一個徹底解決。院長，你同意嗎？

（此時採訪記者禁不住要衝上前去擁抱委員，但似乎看到她四周排有拒馬；事後查證並無拒馬在議事廳，只是記者情緒太激動，眼眶有淚水之故。）

院長：（如釋重負）委員英明。這個建議可以抵銷委員以往所有的口誤，啊對不起，是我的口誤。我是說，台灣以公投來顯示人民對國家名稱的偏好，以及做爲中國政策的基礎，應該是正確的一條路，只不過……

委員：怎樣？

院長：委員記不記得二〇〇八年三月二十二日的事？

委員：現在是你在質詢我、還是我在質詢你？

院長：對不起。我是說二〇〇八年總統選舉的同一天，台灣舉行了一次公民投票，當時民進黨提的是「公投入聯」案，主張「以『台灣』名義申請進入聯合國」，貴黨爲了杯葛，瓜分投票人數讓該公投案達不到人數門檻，匆忙推出「公投返聯」案來打對台，主張「『我國』應以有彈性的策略重返聯合國」。對照起來，好像是貴黨對實施公投比較神經緊張，對國家名稱則比較無所謂呢，何況黃委員那時好像也是……

（此時擔任主席的國民黨籍賴士葆委員急忙打斷林全發言，指出黃委員的質詢時間已經超過；但台下時代力量黨的林昶佐委員馬上表示，要把他的質詢時間讓給黃委員，主席只好讓質詢繼續。）

委員：已經快十年前的事，你還記得這麼清楚，難怪頭髮快掉光了。

院長：謝謝委員誇獎。我想如果我們來舉辦一次「正名公投」的話，只要貴黨以君子之爭，保證不像上次……（此時國民黨立院黨團總召林德福委員面色凝重，一個箭步衝向黃昭順咬耳朵，語氣好像在責怪她，記者只隱約聽到：「做秀……弄假成眞……柱柱姐……我可不負責……。」）

委員：院長，不好意思，我們洪主席好像有急事找我，我的質詢到此為止。

院長：我們下午或明天可以繼續……

委員：我下午要去視察台三線。明天要去欣賞客家歌謠，沒空。

（記者趁著院長退席時，上前堵嘜：「請院長談談今天的感想。」）

院長：眞可惜，很少和國民黨委員談得這麼投機。只除了說我頭髮太少不太正確，我又不像邱毅委員，我頭上的都是眞的。

二〇一六年七月一日

「南海仲裁」案內案：誰最可恥？誰最可笑？誰最可悲？

我們最深層的悲哀乃是，民進黨政府甚至還沒有覺悟到，南海仲裁惹出的飛來橫禍，根本是自找的。今天如果新政府停止對外自稱「中華民國」，不要再妄想在國際上與「中華人民共和國」謀求「一中各表」就能苟且偷安，那麼其他國家縱使仍然不承認台灣是主權國家，縱使仍然使用「台灣當局」來稱呼我們，至少不能在「台灣當局」之前硬加上「中國的」這三個髒字眼。

「南海仲裁案」掀起一場國際大風暴，不但牽涉到在南海不斷DIY礁岩的被告中國，以及因而受到威脅的南海周邊國家，包括原告菲律賓，還有越南、印尼、馬來西亞、汶萊等，更擴及數千海哩外的台灣，以及近年來誓言「重返亞洲」的美國，當然還有中國的盟邦俄羅斯。如果再加上被中國點名的「海牙常設國際仲裁庭」庭長所來自的日本，和那五位專家仲裁員所來自的法國、德國、波蘭、荷蘭、迦納等，都差一點「公親變事主」，算起來有十多國捲入此案。

仲裁庭最後的判決指出兩項重點，其一有關主權：中國自行宣稱對南海的「歷史性權利」全屬無稽，不符國際法；其二有關專屬經濟區：南海中所有地物無一可維持人類群居，也因此是〈海洋法公約〉定義的「礁」，無一國可將十二海哩的領海上綱到二百海哩的專屬經濟區，整個南海是公海，所有漁權與航權各國都可共享。

這個判決斬釘截鐵，尤其是第一點針對中國毫不含糊，與一般常見的國際組織「和事佬作風」大相逕庭。中國一向仗勢欺人成了習慣，原以為每個國家多少都要買他的帳，結果自吹自擂的「九段線神聖海域」，卻被人當成放屁；仲裁庭等於是教訓中國：如果依你的說法，領域權利來自歷史，你又宣稱中國有五千年歷史，那麼只要你想要，全世界恐怕沒有一處不是中國的，天底下有這麼好的事嗎？

於是上演了一場「霸凌者大喊被霸凌」的鬧劇，依照中國當局的SOP，事出意料之後，一定先是惱羞成怒、怪東怪西，除了說仲裁書是「一張廢紙」，還怪菲律賓不肯「私了」、怎麼跑去對簿公堂？接著又把仲裁庭的日籍庭長醜化為美國的傀儡，而那五位專家仲裁員所來自的國家，都視為是對中國「不友善、有成見」的國家。再接下來的慣用伎倆，就是煽動國內弱智的愛國主義者發動拒買菲國香蕉與美國炸雞。無奈成效不彰，官方媒體自找台階，趕緊要大家「理性」收場。以往演完這種標準戲碼，大家懶得看也就算了；唯這次大概輸到脫褲，老臉擺不下，非得歹戲拖棚不可：中共當局不但加緊在南沙一些人造礁嶼上佈建軍事設施，而且七月中宣布爲了從事海上實彈演習，將鄰近航道封閉三天；官方新華社並對外發表消息說，中國已經派出一個包括戰鬥機與轟炸機的空中作戰部隊，負責南海巡邏任務，是否有意要在南海劃設一個「航空識別區」以限制外國飛航，不無可能。更新的消息則是將在九月與老大哥俄羅斯實施聯合海空演習，地點呢？答對了，就在南海水域。

整起事件本來就是中國引發的：早在二〇〇二年，中國與「東南亞國協」（ASEAN）十國就曾簽訂聯合宣言，相約對南海眾多無人島礁不進行佔領行動。但三年前中國卻出爾反爾，侵入黃岩嶼開始造島，打算裝備雷達、飛彈發射架等軍事設施，該地離菲國首都馬尼拉不到二百海哩、離蘇比克灣軍港更只有約一百海哩，嚴重威脅到菲律賓與美軍基地的安全。菲國遂提出雙邊談判的要求，中國對此不理不睬，這是鬧上仲裁庭的直接理由。荒唐的是，仲裁成案之後，中國明明是簽署〈聯合國海洋法公約〉的會員國，卻又悍拒出庭辯解，反而要求菲國撤案、進行談判，菲國當然不從。現在在全世界面前被打臉，則擺出一副「我行我素、其奈我何」的樣子，這種「能搶就搶、能騙就騙、能賴就賴」的嘴臉，有人形容是阿Q、有人形容是痞子，不論何者，封之爲「可恥之最」，應該沒有人會認爲不公平。

美國雖然在仲裁階段是局外人，但一方面是菲國盟邦，另一方面此案判決對其「重返亞洲」的政策當然有深遠的影響，因爲中國若獲判擁有南海主權，可以把勢力擴展到台灣、東南亞、中南半島諸國的大門口，美國企圖以第一島鏈圍堵中國霸權的戰略布局，等於完全破功。如今仲裁庭不留情面地把中國拿不上檯面的「證據」徹底駁回，美國當然受益良多。也因此，對中國事後的無賴言行與一錯再錯，美國理應表達強烈不滿的立場，甚至在聯合國大會提案譴責中國，或者杯葛九月在中國舉行的G20峰會，也不爲過。不料美方卻似覺得中國已經丟了面子，想要見好就收，所以這半個月來盡是一些「不痛不癢」的表態。譬如日昨國務院發言人回答中俄南海軍演：「軍演的目的是磨練能力，不必然提升緊張局勢。」這種息事寧人的語彙，不怕把習近平和普丁笑死！更離譜的是，美國最近正在夏威夷主辦兩年一度的「泛太平洋軍演」（RIMPAC），共有二十多國參加；你知道嗎，中國海軍依舊喜孜孜地受邀「磨練能力」，好像剛在南海興風作浪的是世界上另外一個「一個中國」。

還有一些美方學者則表示，中國雖然公開宣稱「不承認」仲裁結果，而且喊打喊殺狠話一籮筐，但如果仔細推敲，其實他們已經軟化不少。譬如今年五月當美國軍艦軍機進入南海時，中國外交部使用了強硬的「侵犯中國領海、領空」，但在仲裁之後，則「侵犯」改成了「威脅」、「領海」也改成「鄰近海域」。但我們要問一句：So what？難道這代表中國放棄獨霸南海的野心了嗎？對仲裁結果有一絲收斂嗎？

美國當初爲了台海爭議所發明的所謂「策略性模糊」，早已被中國運用得爐火純青，情勢不利時，就搬出一些可以做各種詮釋的說法，讓天眞的老美以爲中國已經學到教訓，其實中國正在臥薪嘗膽，準備來個絕地大反攻呢。最可笑的是，美國海軍總司令理察遜上將到北京進行會談時，中國海軍司令員吳勝利當面一陣搶白：「不論有任何壓力，我們在南沙群島的工事不會半途而廢。」事後一些國際媒體報導說：「至少持續對話中。」好像對話重要、說些什麼不重要。所以，儘管美國是我們台灣最重要的盟邦，但被中國在手掌裡耍弄而猶以爲得計，不得不封之爲「可笑之最」。

然而，南海仲裁中「可悲之最」乃是我們台灣自己。台灣的悲哀有三個層次：

第一、仲裁庭根本不理會我們政府自稱是「中華民國」，一逕叫我們是「Taiwan Authority of China」，也就是「中國的台灣當局」，換句話說，台灣被指認是中國的一個地區或一個部分。對台灣而言，這眞可謂無妄之災：太平島明明不是仲裁標的，卻因爲屬於「中華民國」，而把台灣的國際定位扯進仲裁案；台灣明明不是菲律賓的訴訟對象，也因爲自稱「中華民國」，而在仲裁案中被矮化爲中國的地方當局。老實說，不到半平方公里大的太平島被「降級」，對我們應是利大於弊、或至少是損益兩平，但承載二千三百萬台灣人的台灣被「降格」，則是國恥。可悲的是，我們的政府卻只會登艦做做「護島」的樣子，對維護台灣的國格，毫無具體作爲可言。

第二、我們更可悲的還不只是這句「中國的台灣當局」，而是這個稱呼竟然是整個仲裁案裡，滿臉豆花的中國所獲得的唯一「勝利」，而且是莫名其妙贏得的重大勝利、是不費吹灰之力到手的意外收穫。中國做夢也不會想到，仲裁庭的判決竟然會出現「台灣是中國的一部分」這種弦外之音；很清楚的，台灣地位和這次仲裁主題根本八竿子打不到一起，不料卻被仲裁庭再三認肯台灣屬於中國。不同於以往各國政府或一些國際組織，常常依照本身的政治算計而出言不遜、貶抑台灣，這次是一個以國際法爲運作基礎、以各國專業學者爲裁判員的國際公信機構，所做的裁決當然分量非同小可，因此對台灣與中國相對關係的定調，不能不說是台灣的重大挫損、中國的莫大獎賞。

但我們最深層的悲哀乃是，民進黨政府甚至還沒有覺悟到，南海仲裁惹出的飛來橫禍，根本是自找的。過去因爲是專制愚蠢的中國國民黨執政，多費唇舌無益，但今天已經改朝換代，我們無需也不能再緊抱「中華民國」的神主牌，還口口聲聲「中華民國的憲政體制」。今天如果新政府停止對外自稱「中華民國」，不要再妄想在國際上與「中華人民共和國」謀求「一中各表」就能苟且偷安，那麼其他國家縱使仍然不承認台灣是主權國家，縱使仍然使用「台灣當局」來稱呼我們，至少不能在「台灣當局」之前硬加上「中國的」這三個髒字眼；至少我們可以像「巴勒斯坦當局」（Palestinian Authority）一樣，名實相符、心安理得，在完成法理建國之前，不至於被污名化。在我們不滿於國際仲裁法庭對我們的稱呼時，應該反躬自省，這個法庭既然並非畏懼中國的惡勢力而把我們歸屬於中國，那麼必定是我們自己主張的名稱在國際法上站不住腳。所以千萬不要學中國的壞榜樣，自己不對、還遷怒別人。

情。知錯能改、善莫大焉，我們期待小英政府開大門、走大路，莫讓台灣長留險境、永遠悲情。

二〇一六年八月五日

太平島對台灣的價值何在？

台灣兩全其美的方案就是：結束半世紀以來中華民國在太平島的託管任務，讓該島回歸美國代管，透過美軍在南海的具體「呈現」，讓美國名正言順站上最前線，做為維護南海和平的中流砥柱。

近來在媒體上有兩則看似不相干的新聞，頗値得我們思考：

其一是挪威總理索柏（Erna Solberg）表示，爲了慶祝明年（二〇一七年）芬蘭從蘇俄獨立一百週年，打算把在北極圈內兩國邊界的一座海拔一三三一公尺的山峰送給鄰國當做賀禮。這座山峰目前在挪威境內約四十公尺處，當初因爲邊界採取直線劃分，完全不管地形地貌，所以落在挪威一邊，是多湖少山的芬蘭長久以來的遺憾。若是邊境依地形稍做重劃，挪威只減少〇．〇一五平方公里的領土，就能改變這座山的國籍，且將成爲芬蘭的第一高峰，所以兩國的民意對這件事都樂觀其成。

目前唯一的阻礙是挪威〈憲法〉的第一條，宣示其領土「不可分割、不可轉讓」，有些政治人物據以反對這個提議。但該國「極地大學」一位法律教授公開反駁，認為〈憲法〉的領土主張對邊界的「微調」並不適用，否則的話，近世芬蘭與俄羅斯之間屢因大自然造成的河道改變或海岸沖刷而進行邊界微調，豈不都是違憲？

另一則新聞是中俄在本月十二日起舉行八天的南海軍演，演習總指揮由中共南海艦隊副司令擔任。中俄雙方就「立體奪控島礁」做演練；一些軍事專家指出，島礁區的攻防作戰應該是此次演習的重要內容，只有互信程度很高的國家間才舉行這一類的演習項目。中俄聯合軍演自二〇一二年以來，每年舉行一次，以往地點包括黃海、日本海、東海和地中海，以中共北海艦隊、東海艦隊為主參加演習，今年則以南海艦隊為主。有趣的是，就在同一天美國也在西太平洋關島附近舉行「勇敢之盾」大規模海上軍演，對嗆意味十足。

回到我們的主題「太平島」，我們略做回顧。今年七月海牙國際仲裁庭宣布，南海所有陸地都是「礁」，不能宣稱二百海哩的「專屬經濟海域」（EEZ），太平島也不例外；該法庭更明確指出，中國基於「歷史權利說」在南海劃設的「九段線」領海範圍，根本不成立，南海基本上是公海。

我們一再強調，這兩個判決都對台灣極其有利：就經濟利益而言，目前有中國、越南、菲律賓等國都佔有南海若干人造島礁，據以宣稱享有周邊EEZ，但在這個判決下全部失效。太平島雖然同樣喪失EEZ的權利，但這個權利原本就是喊爽的，一方面因為南海諸島的二百哩海域彼此高度重疊，二十海哩內就有菲律賓佔領的中業島、中國佔領的南薰礁與越南佔領的敦謙沙洲，遑論二百海哩；二方面太平島又距離台灣約八三〇海哩，是以若他國漁船侵入我們海域，根本無從制止，反倒是我國漁船進入他國海域，被就近扣押的機會不小。既然太平島是島或是礁，我們都無法享受ＥＥＺ的好處，那麼「大家都不是島」當然是退而求其次的最佳結果。

再就國際政治的考量而言，中國的歷史權利說被仲裁庭斬釘截鐵地否定，對台灣更有重大意義，因爲這個論點既然在南海被判定不合法，當然也不能合法用在台灣；也就是說，五、六百年前鄭和七度下南洋，路過南海，但南海不因此歸中國所有，那麼老共宣稱：「台灣自古就是中國神聖領土的一部分。」同樣說破嘴也沒有用。依國際法，所謂「自古」不代表擁有領土主權，其理甚明。這個判決意外地提供台灣一個「脫中」的國際法判例，可以援引。

該仲裁案唯一對台灣極其不利的，是稱呼我們爲「中國的台灣當局」（Taiwan Authority of China），但這是目前聯合國及其附隨組織對台灣的共同認知，其實要怪也只能怪我們政府自始堅持是「中華民國」，作繭自縛，無法責怪仲裁庭。

不料仲裁判決一出爐，我們的國安高層竟然大驚失色、手足無措，一方面不知細察上述對台灣前途發展有利的論點；二方面又不知反駁對台灣名稱的誤用，所做的反應竟然是要蔡總統登上軍艦，強力主張太平島是中華民國的「固有疆域」，等於仿傚中國才被打臉的歷史權利說，與國際仲裁庭唱反調。事實上，若非二次大戰日本投降交出在南海佔領的地物，而由太平洋盟軍統帥麥克阿瑟委由蔣介石代管，再由老蔣指派台灣行政長官公署列入行政區範圍，太平島根本就與台灣毫無歷史淵源，怎麼會是台灣的固有領土？第一個踏上太平島的中華民國海軍軍官，是在一九四六年底乘美國提供的軍艦「太平號」到達的，在他爲太平島命名之前，該島早已有了英文與日文名字，南海其他島礁也大多如此。最近中國外交部去函《經濟學人》（二〇一六年八月二十日）要求澄清南海自古就是中國的，該期刊只回了一句「空嘴哺舌」（"bunkum"），台灣也想和中國沆瀣一氣、自取其辱嗎？

今天中國仍然在南海興風作浪，在人造島礁上不斷增建軍事設施，包括戰鬥機的機堡與跑道，一旦中國在南海滋事挑釁，我們再如何加速太平島的作戰能力，也不可能對中國產生一丁點遏阻作用。不僅如此，中國目前是因爲一廂情願把台灣視爲自己的一部分，所以對太平島由誰佔領並不在意；有朝一日台灣逐步獲得了自己的國際身分，中國勢必會以太平島做爲下手警告或懲罰的對象。再說，美國國會於一九七九年通過的〈台灣關係法〉中，對台灣的界定並不包括太平島等南海諸地，所以沒有協防的義務。試問若中國眞的有意奪取太平島，就像俄羅斯奪取烏克蘭的克里米亞半島一樣，我們的海巡部隊除了乖乖撤離，還能怎樣？一言以蔽之，太平島是我們對抗中國侵略的一個明顯弱點，也是我們爭取國際認同的一個潛在顧慮。

另一方面，美國有鑑於中國的霸權崛起，早有「重返亞洲」的政策，但美國要在南海維持有效的軍事嚇阻，光是靠千里迢迢而來的航母並不容易，沒有在地落腳的話，當然毫無「主場優勢」可言，「周邊有事」時，一方面可能緩不濟急，另一方面也可能欠缺軍事介入的名義。這或可解釋，仲裁案之後何以美國仍然選擇息事寧人、任憑中國繼續囂張。但由「陰謀論」的角度看，或許美國還沒有下定與中國在南海攤牌的決心，故意保留「不在場」的藉口，提供未來可進可退的彈性空間。

如果我們以上的瞭解無誤，則一個對台灣兩全其美的方案自然浮現，那就是：結束半世紀以來中華民國在太平島的託管任務，讓該島回歸美國代管，透過美軍在南海的具體「呈現」（presence），讓美國名正言順站上最前線，做爲維護南海和平的中流砥柱，直接面對中國。假如美國不願單獨承擔重任，次佳方案是將太平島交給聯合國常設的「託管委員會」（UN Trusteeship Council），該委員會儘管早已處理完畢二戰結束後的十一處託管地，但依憲章規定目前並未解散，且其宗旨是在促進「託管地居民的福祉以及國際的和平與安全」，所以有充分的正當性接管太平島，監控南海水域的自由航權與漁權。或許有人會擔心該委員會是由安全理事會的五個常任理事國組成，中國也是其中之一，但中國在這個委員會並無否決權，所以不可能主導，更不可能私吞太平島。

從一九四六年接收之後到今天，我們確實在太平島上做了不少人力物力的投資，島上有了碼頭、跑道、營區、醫院、氣象站等等，但這些投資比起交出太平島對台灣的戰略價值，就微不足道了。政府存在的意義在為人民謀求最大福利，而不是為人民死守「固有領土」；完全不問領土對國家發展的意義、只重領土的大小，則與歷史上或現今世界的野心帝國何異？挪威可以主動讓出國土以表達對鄰邦的友誼，台灣難道不能讓出不到小琉球十分之一大的太平島，以減少本身的風險、增進南海各國的安全？

有報導指出，蔡總統最近表示，台灣過去努力於在國際社會「做有意義的參與」，今後要努力對國際社會「做有意義的貢獻」，雖然我們不很瞭解什麼樣的貢獻是沒有意義的，但我們認為貢獻與參與的最大不同在於，貢獻必然要付出一些代價。我們把太平島交還國際民主陣營，國人不免感到有所損失或犧牲，但也因為如此，這就是不折不扣的國際貢獻，蔡總統以為然否？

二〇一六年九月二十日

如果是選民，我的一票投給誰？

為台灣計，我們應該改變與美國互動的模式，不要再想用「普世價值」、「民主理念」、「反共陣營」之類的意識型態符號，做為台美關係的黏著劑，而多思考與川普「在商言商」的方案。

這次美國總統大選的結果跌破許多人的眼鏡，不只是一般民眾而已，連政治嗅覺最靈敏的美國主流媒體，同樣栽在「二選一」的賭盤。以事後諸葛來評斷的話，其實要預測這次大選結果並不像表面上那麼容易，主因之一在於選舉過程最大的「看點」或「爭點」，不在候選人的競選政見，而在候選人本身的人格特質；客氣一點的把兩人說成是「商人 vs 政客」，一個是在商言商、一個是口是心非；刻薄一點的則說成是「真小人 vs 偽君子」，一個是唯利是圖、另一個是表裡不一。明明要選出的是國家元首，卻被迫在「兩害」中「取其輕」，的確有些棘手。

但我們台灣人在嘲笑美國人之先，也應該要反省自己：八年前我們不是也曾選出一個既是僞君子、又是眞小人的馬英九總統，而且落選者的水準還遠遠在他之上。這位總統從學生時代就充當獨裁政黨的海外「職業學生」，專門以打小報告、製造黑名單爲能事，這不是小人行徑的話，什麼才是？在他回台之後，立即成爲獨裁者重點栽培的樣板人物，也由眞小人順利晉升到僞君子。風光歷任了各種黨政要職，毫無建樹，卻扶搖直上。一朝羽翼既豐，就反噬起同黨的黨主席與總統，更不用說打著「反貪腐」旗幟，道貌岸然地羅織種種罪名，對反對黨前總統趕盡殺絕。直到他也下台了，大家才看清他本身在位期間的違法亂政，這若不是僞君子的話，什麼才是？這樣的貨色會贏得多數選票、當選總統，是台灣民主歷程上無可磨滅的恥辱。

藉機罵罵馬英九；再回到美國大選。

最後雖然多數美國人民還是選擇支持外在形象較佳的希拉蕊，但因爲採用了「選舉人制」的間接選舉方式，反而被言詞粗鄙的川普拿下勝利，以致引起後續若干騷動抗議。不過遊戲規則老早已訂下，美國人民應該會有「願打服輸」的基本民主素養，不至於像二〇〇四年連戰與馬英九的無賴罵街。

藉機再罵罵馬英九；現在回到我們的主題。

就台灣人而言，誰比較適合做下一任的美國總統，最重要的考量當然是：誰對台灣未來的生存與安全比較有利。這個觀察角度固然與美國民眾不同，但在兩位候選人就這個議題都少有著墨的情況下，我們也只好仿傚美國民眾，依照兩人的人格特質來做判斷；也就是說，商人與政客、或眞小人與僞君子，哪一種人容易應付些？當台灣的國際處境有求於人時，哪一種人可能較有著力點？

最近一位朋友在他臉書上感歎說：「在我記憶中的美好世界逐漸崩解的今天……」是的，但在我們記憶中做爲自由世界守護者的美好美國，不等到今天就早已崩解。當我們回顧美國對台政策的演變，就發現美國政府早已由二戰後期創設聯合國時所強調的「普世價值」，轉向爲「美國利益」，以致台灣在過去近半個世紀，受盡了美國的擺布。

自尼克森總統在一九七〇年上台，就是台灣命運逆轉的開始，這位典型政客是在越戰中期接替發動越戰的詹森總統，他的就職演說表示：「歷史所能賜予的最高榮譽，就是和平製造者（peacemaker）。」公開打臉他的前任。之後他就與季辛吉國務卿親訪中國，向毛匪澤東伸出橄欖枝，這時毛所策動的「文化大革命」正搞得哀鴻遍野、民不聊生。最經典的一段畫面是，尼克森刻意安排與當時的中國總理周匪恩來握手合照，因爲十多年前美國的杜勒斯國務卿曾公開拒絕與周握手，尼克森爲表達歉意。一九七二年〈上海公報〉的「一個中國」政策就此成爲美國的外交定調，不但表示「台海兩邊都主張只有一個中國」，而且「台灣是中國的一部分」。尼克森眞的是想做爲台灣與中國之間的和平使者嗎？當然不是。他只是想利用中蘇之間的緊張關係，拉攏中國對抗蘇聯，並進而自越戰的泥淖中抽身，完全沒有把中國正在上演的人權浩劫放在心上，更別說台灣前途了。不過幾年，尼克森陷入「水門案」醜聞，僞君子的面目被掀開，但對台灣的傷害已無可挽回。其後卡特總統宣布美中建交，終止前後二十五年的〈台美共同防禦條約〉，台灣成了眞正的國際孤兒。

希拉蕊的先生柯林頓總統對台灣也相當不友善，一九九九年，李登輝總統提出「特殊兩國論」時，被他與江匪澤民指責爲「麻煩製造者」（troublemaker）公然羞辱，好像協助防衛台灣，就有權力把台灣當「細漢的」，什麼能說、什麼不能說，都要看他臉色。二〇〇〇年阿扁總統當選，他有鑑於主張台獨的民進黨居然獲得相當民意的支持，心中不滿、但又不便公然否認台灣的民意取向與民主選舉，只好給阿扁穿小鞋，阿扁總統還未就職，美方就傳達「四不」的說法，做爲安排與中國當局對話的前提，結果阿扁「迫於形勢」說了，對方卻毫無反應。次一任的小布希總統，一般認爲對台灣不錯，但只是相對於之前的幾任；他對阿扁二〇〇三年「台灣中國、一邊一國」的宣告，也極度不滿，據說當年在APEC與胡匪錦濤會面時，也用了「麻煩製造者」一詞。美國總統棄友求榮就叫「和平製造者」，台灣總統捍衛國格就叫「麻煩製造者」，這不是政客才會有的嘴臉嗎？

什麼，扯太遠了？好的，那就來看看這次力挺希拉蕊的歐巴馬總統，他任內對台灣有什麼「善意」。這可不是扯太遠，因爲希拉蕊競選陣營的外交政策顧問都承認，她會「延續歐巴馬的對台政策」。

二〇〇八年底歐巴馬勝選，胡匪錦濤以元首熱線表達祝賀，在交談中兩人一致認爲，發展美中關係不僅是兩國之間的共同利益，而且是全球整體的利益，這是歐巴馬的初試啼聲，也是他不久推動「美中峰會」（G-2）的預告。二〇〇九年十一月，他訪問中國時以台灣爲伴手禮，重申「尊重中國的核心利益」；二〇一二年二月，在白宮接見習匪近平時，明說他「拒絕任何台獨主張」。或許有人會說，歐巴馬政府一再表明遵守美國國會在一九七九年通過的〈台灣關係法〉，要出售防禦性武器給台灣。但他就任時國會通過的對台軍售，一拖再拖。又因爲中國發出警告，若售予台灣要求的六十六架 F-16C/D 新機，「是冒著中美兩國誤判對方的風險，可能導致意外的全面攤牌。」美國趕緊宣布只幫台灣提升既有的一四五架 F-16A/B 戰機雷達性能。《經濟學人》評論說：「這讓台灣完全不能感受到安全有所提高。」但即使是這個打折後的方案，最後也遭到刪除，所以不久又有美國軍事專家指出，中國軍備不斷擴張，台海均勢無以維持。二〇一四年，國會友台議員再度呼籲軍售台灣時，歐巴馬明知中國軍力已非台灣所能抗衡，仍然選擇裝聾作啞，有人判斷原因之一，竟然是中國國家主席習匪近平將於二〇一五年訪美，必須避免不必要的衝突。

總統如此，國務院當然上行下效。目前AIT的梅建華（Kin Moy）處長在二〇一四年三月仍擔任國務院「東亞與亞太事務副助卿」時，曾被指派接受眾議院「台灣關係法三十五週年聽證會」的質詢，眾議院外交委員會主席羅伊斯（Ed Royce）、亞太小組主席夏波

（Steve Chabot）及其他多位眾議員提出各種對歐巴馬政府的要求，包括放寬台美雙方高層官員互訪的限制、准許台灣加入區域聯合軍演、出售先進武器給台灣、支持台灣進入聯合國及其他國際組織等。梅建華從頭到尾實問虛答、支吾其詞，把困難全推給「一中政策」，好像「一中政策」等於是規範猶太人生活言行的十誡與律法，美方任何行政措施或執行細節都有規定一樣。當會議主席要求國務院根據東亞情勢發展來檢討「一中政策」本身的存廢時，他回答：「中台關係從來沒有像目前這麼好。」這個說法的始作俑者，當然就是我們自己那位沒出息的馬英九，但由美國人口中說出，更覺刺耳。

最後再罵一次馬英九，最好他聽到。

我們不是想批評梅建華對台灣不懷好意，但這種只知聽命行事的官員，對台灣實在「沒三小路用」。今年九月他和蔡英文總統共同出席一場研討會時，信誓旦旦地表示：「台灣在亞洲扮演不可或缺的角色，且對於區域發展做出重大貢獻，美國肯定這些貢獻，並且將繼續支持台灣發展更多的國際空間。」言猶在耳，九月底「國際民航組織」（ICAO）在中國籍祕書長柳芳主導下，不但拒發邀請函給台灣、並且警告各國代表發言不得提議聲援「第三國」，否則麥克風消音。我們對中國人的小鼻小眼作風可以理解，怪的是美國代表有做出任何支持台灣的動作嗎？一點都沒有。同樣的事情也發生在十一月初的「國際刑警組織」（Interpol），台灣希望以觀察員身分受邀，但同樣遭到封殺。該組織更過分地選出中國籍的孟宏偉爲新祕書長，此人是中國公安部副部長，黨性堅強、罔顧人權、敵視台灣。我們對中國會推出這種鷹派來爭取國際組織的領導職位，不感意外，但美國如果眞想讓台灣有機會發揮對國際社會的實質貢獻，對中國的野心會完全束手無策嗎？不能聯合其他會員尋求替代人選嗎？是不能還是不爲呢？

台諺有謂「一隻嘴、唬纍纍」，用來形容美國傳統政治人物頗爲傳神；這些人有口惠而實不至，公開承諾變成虛應故事，甚至見人說人話、見鬼說鬼話，心裡沒有一絲不安。難怪這幾年屢屢傳出「棄台論」的主張，《經濟學人》老早在二〇一一年就指出：「美國可能考慮台灣已經是一個戰略上的負債……與其因而招惹中國，不如把台灣當做一塊碎肉丟去安撫他。」我們不敢說美國政府眞的會如此無情無義，但我們心知肚明這些政治人物——包括希拉蕊——早已以所謂的「核心利益」取代了「共同價値」，做爲美國對外政策——包括對台政策——的準則，我們如果還是相信長期浸淫在「建制」（establishment）以內的希拉蕊會有利於台灣，最好要有「我以眞心換絕情」的心理準備。

但川普的商人本性不是更像梁惠王嗎？「苟爲後義而先利，不奪不饜」，台灣難道不會更慘？的確，川普很可能是梁惠王同一掛的，但和生意人做生意至少有一點好處：只要價錢談妥，生意就做得成；和政客談生意的麻煩是，他不會告訴你價碼，你以爲成交了也不能保證生意做得成，無論結果如何，他都說得出一番道理，讓你拿他莫可奈何。

川普十月底在賓州蓋蒂斯堡（Gettysburg）提出他當選後的「百日維新」藍圖，臚列了多項對外政策，是他覺得美國做了「冤大頭」，不能容忍下去；這些多半是事實，所以只要「價碼」談好，並非無解。譬如川普不滿「北大西洋公約組織」（NATO）佔了美國的便宜，因此只要這些國家肯提高國防預算，問題不就解決了。同樣，川普揚言自日本撤出駐軍，因爲三萬美軍駐日的費用太高，而租用機場軍港又招致民間抗議，這也是實情，因此只要日本肯分擔經費，擺平民怨，也不難解決。川普考慮中止「泛太平洋夥伴協議」（TPP），因爲美國降低關稅換到的只是一些「智財權保護」等空洞的承諾，所以這些國家只要提出更具體實質的交換條件，並非不能再議。川普認爲「北美自由貿易協定」（NAFTA）一向對加、墨更有利，主張重新協商，也沒有超出做生意的常規，長期的生意往來若自覺吃虧，當然可以重談。至於川普指責中國操縱匯率，從事不公平的貿易競爭，這一項倒是希望永遠不得解決。

爲台灣計，我們應該改變與美國互動的模式，不要再想用「普世價値」、「民主理念」、「反共陣營」之類的意識型態符號，做爲台美關係的黏著劑，而多思考與川普「在商言商」的方案，譬如高薪聘用美國退伍軍人來台成爲「傭兵」，進入軍中擔任軍校教官、三軍部隊教練或後勤軍事顧問，甚至可以像一九五〇年代聘請日本軍官組成「白團」，訓練高階將領一樣；軍中長官素質的提升與背景的多元，可以成爲台灣募兵制的成功關鍵。另如一位工程界的朋友所建議，對全美各州數以千計亟待進行的橋樑更新工程，提出物超所值的報價與貸款計畫，提供台灣具有「比較利益」的零組件設計與製造，派出優秀的工程專家，結合美國的在地勞工，一舉解決美國地方財政困窘的難題。再如主動將南海樞紐的太平島讓給美軍使用，讓美國在南海獲得一處就地保護航權的基地。在菲律賓與美國漸行漸遠的當下，無疑多了些誘因。這些建議在希拉蕊手中，都可能因爲對中國的顧忌而胎死腹中，川普卻可能會仔細打打算盤。

說了一大篇，最後我們要問一個問題：爲什麼連美國這種民主老大哥，用的是選舉的民主方式，還不能選出眞正的聖賢來當總統呢？

二戰期間的英國首相邱吉爾有一句名言：「除了歷來所有曾經試用過的政府體制之外，民主是最壞的一種。」乍聽之下，這好像在說選舉制度也不過爾爾，只是目前還沒想到更好的實踐民主的辦法。但其實他這句話的前半段是：「在這個罪惡苦難（sin and woe）的世界，沒有人會假裝民主是全知全能的（perfect and all-wise）。」所以，我們在責怪投票制度之前，應該先檢討何以這是一個「罪惡苦難」的世界，以致於「選賢與能」變成「兩害相權」或「劣幣逐良幣」？再引用一次我那位朋友的感歎：「記憶中的美好世界逐漸崩解。」或許我們每一個人都是「罪惡苦難」、「美好崩解」的根源，民主又能如何？

二〇一六年十一月二十日

做出正義之舉

我們不知道對小英而言，何時才是平反扁案的「適當時機」；但對阿扁而言，八年過去了，還在日復一日等待「適當時機」，未免太殘忍些，對我們這些期盼轉型正義的老百姓而言，政權已經贏回半年了還在等待「適當時機」，也未免落差太大。

在一九五〇年一月八日，有一位女士說了這麼一段話：「一個人做出正義之舉，一定要出自他的良心，而不是出自別人的請求或要求。」我先不說這是誰說的話，以免大家因人廢言。我覺得這段話很耐人尋味，因為在人類「西瓜倚大邊」的社會裡，正義通常不是垂手可得的，為弱者主持正義常要付出一些代價。所以一般人做出正義之舉，往往是因為受害者的請求或是第三者的要求，讓他衡量利弊之後才答應去做，不是自動自發的行為，這是人之常情。但這段話若是對社會菁英或知識分子而言，應是帶有一種警惕的意味：伸張正義如果還需要別人三催四請才勉強出手，或甚至在千呼萬喚之後，仍然對世間的不義視而不見、無動於衷，那麼這個人心中有沒有起碼的正義感，是否有能力引領社會向上向善，恐怕就要打上一個問號。

當二〇一六年大選民進黨大獲全勝時，忍受中國國民黨政權八年之久的台灣人民，期待新政府爲台灣社會所做的第一件大事，應該莫過於啓動「轉型正義」的工程。因爲馬英九的兩任總統期間，最「膾炙人口」的，就是濫用完全執政的機會，對內黨同伐異、對外傾中賣台，把台灣在第一次政黨輪替好不容易獲得的民主初體驗，徹底打回獨裁統治。細數這八年，先是指揮司法追殺卸任的阿扁總統、幕僚以及前朝眾多政務官，接著密謀清算黨內的本土派人士，下手毫不留情；不只如此，在國會豢養一批目中無人、舉止囂張的禁衛軍，護航北京需索的法案與政策不遺餘力，半分鐘就想通過全面顛覆台灣經濟的「服貿協議」，成爲「太陽花運動」的導火線。馬英九自己則藉著手中不受制衡的公權力，多次賤賣公產、放水大財團，曲解法規、圖利執政黨，這些都還不算，最可惡的是一再與野心中國唱和「九二共識」，卻故意在釣魚台與太平島的爭議上，與美日民主盟邦唱反調，身爲國家領袖不只不顧國家尊嚴、更到了不顧國家安全的地步。所以再次政黨輪替的最大意義，當然就是政權再次由專制轉回民主、追究濫權集團、還諸社會正義，也就是轉型正義的落實。

我們對新政府的期待既然如此之高，新政府到目前爲止在轉型正義方面的作爲，難免令人大失所望，其中最具體的一件事，就是對阿扁總統的處理態度。從好的方面想，小英是法律人，或許認爲阿扁既然被司法判刑確定，就必須尊重；但我們對扁案的立場則是由「程序正義」著眼。坦白說，阿扁實際上有罪無罪不是我們所能斷言，即使扁案的委任律師都替阿扁抱屈，我們仍然願意接受這有可以質疑的空間；但可以確定的是，馬英九在扁案的審理上，處處顯示他當年充當「職業學生」的本性與本事，表裡不一、借刀殺人，爲達目的、不擇手段，以致於上自大法官會議做政治釋憲、下至特偵組集體做政治表態，前有受教唆做僞證的證人、後有違法換法官的法院，凡此種種官場現形，無不在馬英九「不介入司法」的幌子下，忠實地執行他「要讓扁死得很難看」的初衷。我們甚至可以說，有相當一部分綠營選民，就是忍不下這些不公不義，才抱著「拯救阿扁」的期待，投票支持小英當選總統，這些升斗小民能瞭解「程序正義」的優位性，小英不能嗎？

綠逗在五月底舉辦了一個座談會，以「轉型正義怎樣做才有效——兼論扁案的解套」爲題，建議小英總統即刻補提名監察委員，以〈憲法〉賦與監察院的彈劾權，做爲剷除司法敗類、重建司法正義的起步；尤其應用在扁案涉及的大法官、法官與檢察官身上，至少應可讓阿扁洗刷「貪瀆確定」的罪名，恢復「無罪推定」的清白。我們原以爲小英總統既然對「特赦」、「大赦」等過於政治裁量的方式有所顧慮，對這種符合正義原則的做法應會慎重考慮。不料總統府發言人的回應只是：「尊重陳教授的個人意見。」口說尊重、其實是拿典型的官僚敷衍辭句來表達對對方的不尊重。我們也曾試圖自我安慰，想說小英可能事情太忙，沒有注意及此；但在老榮民受辱罵的事件裡，卻發現蔡總統在百忙中，還抽空把中國國民黨主席洪秀柱的聲明按讚轉貼，並寫了一大段「認同無罪、和諧第一」的感想，讓我們不得不承認，她對阿扁的關心遠少於對三位不知姓名的老榮民。

但更值得注意的發展是，當年阿扁創辦的「凱達格蘭基金會」，本月初舉辦一場募款餐會，代表蔡總統出席的民進黨副祕書長意外地上台表示，小英會「在法律上與政治上，幫阿扁恢復名譽」。這個宣示非同小可，因爲是小英對阿扁受到八年委屈，第一次採取聲援的明確立場，值得爲她喝采，也讓我們鬆一口氣。只不過事情又經過半個多月，我們沒有見到任何後續的具體發展，事實上，總統府或民進黨連進一步的口頭說明都吝於透露。勉強有所相關的是，與小英關係匪淺的高雄市長陳菊在議會答詢時表示，小英會在「適當時機」採取行動。

回頭看蔣宋美齡在六十六年前說的那幾句話，背景是那時她正代表國民政府第二次赴美尋求美援，結果新任的杜魯門總統不像二戰期間羅斯福總統一樣，不但沒有親自到車站相迎，款待她在白宮下榻，而且竟公然譏諷孔宋家族侵吞美援，對她極盡奚落之能事，讓她長達一年只能住在孔祥熙家裡生悶氣。終於老蔣由中國退敗來台「復行視事」，她在空手離美之前發表了這篇告別演說，由「國家廣播公司」（NBC）對全美民眾全程轉播，內容重點就是：美國要老蔣孤立無援去對抗共產主義是不公平的，不過她絕不會再「求」美國政府了，因為正義之舉不該是求來的。

我們不知道對小英而言，何時才是平反扁案的「適當時機」；但對阿扁而言，八年過去了，還在日復一日等待「適當時機」，未免太殘忍些，對我們這些期盼轉型正義的老百姓而言，政權已經贏回半年了還在等待「適當時機」，也未免落差太大。不過就如蔣宋美齡所說的，正義之舉應該出自個人的良心，而不是別人的苦苦哀求，否則即使最後做了，也不是滋味。或許我們也該言盡於此，希望小英的「適當時機」早日到來。

二〇一六年六月二十日

「司改國是會議」的附加價值——平反「扁案」

我們在此具體建議：總統即刻指示「司改國是會議」，將扁案由羈押起訴到有罪定讞的完整影音與文字記錄送交大會，由全體委員針對扁案做共同審理，特別針對外界所指控程序上的瑕疵與實質上的任意，切實檢討回應，最後做出集體建議，提交小英總統做特赦與否的參據。

不知是有意或無意，在蔡英文總統就職滿週年的前一晚，阿扁前總統所創設的凱達格蘭基金會也舉辦了年度的募款餐會；其實去年也是如此，基金會募款餐會就在總統就職之後一個多星期，當時小英總統還特別派出民進黨副祕書長李俊毅前來代表致意，表達小英「會在法律上與政治上，爲阿扁恢復名譽」。

兩次餐會阿扁都親自出席，但這兩次有一個大不同：去年阿扁遵照法務部矯正署台中監獄的規定，不公開亮相、也不致詞，只在會場一旁的小房間接見來客；但今年阿扁在餐會中不僅坐在大廳主桌，並且在座位上致詞感謝大家、也含蓄地對蔡政府若干政策有所評述。

媒體一經轉播，台中監獄大爲光火，認定阿扁踩到了該單位對「保外就醫」自行設下的紅線，聲稱此舉有違醫療小組宣稱「治療腦部病變、參與社群活動」的本意，甚至揚言考慮取消阿扁的保外就醫資格。根據最近消息，中監已正式要求阿扁只要離開住家外出，就必須事前申請獲准，這明顯是懲罰性的「阿扁條款」，針對阿扁而設。

另一方面，「二次金改案」的承審法官曾德水也露出一副見獵心喜的模樣，表示阿扁既然能出席餐會並致詞，可見他的「行動力與表達力都已恢復正常」，所以馬上傳喚阿扁七月初到庭，將由他親自鑑定並評估開庭續審的可行性。

我們無法斷言一些尚未定讞的扁案會有何發展，但我們確知一件事，那就是在阿扁已經有罪定讞的「龍潭購地案」、「陳敏薰案」與「元大併復華案」等三案中，不論在程序上或實質上都充斥瑕疵與疑點。且不論阿扁的三歲孫女竟接到傳訊做證的荒謬情節，比較嚴重的爭議包括：特偵組教唆通緝犯做僞證，又對有利被告的時間順序證據，檢方不予採計；台北地院違反「法定法官原則」，未經徵詢被告即在審判中途換法官；最高法院罕見做出「自爲判決」有罪定讞，取代「退回更審」的慣例，根據歷年統計，平均機率爲千分之一；大法官會議六六五號釋憲文被指出忽略「台北地院刑事庭分案要點」部分關鍵條文，而若干大法官對該案所提出的「不同意見書」中，也隱含釋憲文本身矛盾又違憲。

以上種種已經夠令人瞠目結舌，但更誇張的是，在缺乏直接證據證明阿扁貪污的情況下，前述三案都是以漫無標準的「實質影響力說」，排除以往審理同類案件所奉行的「法定職權說」，並據以裁定阿扁是收賄共犯，判處重刑。眾所周知，以往受到詬病最多的是法官判案時的「自由心證」，大家看到的動物明明是「鹿」，法官大人可以獨排眾議指爲「馬」；如今若再加上法官可以推翻慣例、自創法理，則大家明明沒有看到任何動物，法官大人卻說細菌也會動，會動的就是動物。這樣一來，法官對被告恣意「判生判死」，豈不更將莫之能禦。我們有理由相信，學法律的蔡總統對扁案的種種濫權枉法也心知肚明，否則不會在就職伊始，就要幕僚表達平反阿扁的心意。

所以我們可以大膽地說，直至目前爲止，把阿扁打成有罪之身的判決，沒有一案是完全依照正當法律程序或依據正常法律解讀而來，沒有一案是完全符合程序正義與實質正義的要求，如果依照「無罪推定」的人權準則，阿扁「自始無罪」是鐵一般的事實，所以阿扁根本就是司法的受害者、是「司法政治犯」，過去在看守所與監獄受到七年不人道對待，根本就是冤獄一場。也因此我們主張，阿扁現在根本無需依賴「保外就醫」做護身符，就應該獲得完全的自由。我們也主張，司法在扁案上一切的脫軌行爲，日後應該列爲司法養成教育的教材，而主事者必須獲得應有的懲處，以爲未來法律人之鑑戒。

扁案受到馬政權千方百計的「政治污染」，人盡皆知，照說做爲恐龍檢察官與法官的上級長官們，應該要基於職責所在，出面提出司法救濟方案，以還阿扁公道，並建立司法知錯能改的勇氣與榮譽；即或另有獨到見解，對外界指責不能苟同，至少也要公開提出反駁，以維護部屬的司法尊嚴。但幾年過去，司法體系從上到下默不作聲、毫無回應，證明當初的特偵組、檢察總長、法務部、司法院、甚至大法官會議，都是小人當道、一丘之貉。

馬朝的官員如此行徑，還在意料之中；最令我們痛心的是，小英總統上任後，除了一年前由部屬轉達的關切外，沒有採取任何具體行動，也沒有對外透露過任何行動計畫，對當初有同黨之誼、提攜之情的阿扁總統，未免過於切割。以致於所任命的法務部與司法院的兩位最高首長似乎有樣學樣，對扁案喧天價響的「雜音」，擺出一副充耳不聞的高傲態度，好像他們只不過是「繼受」扁案的爛攤子，又不是在他們任內發生，所以怪罪不到他們。

這次中監對阿扁敢於張牙舞爪、步步進逼，豈不也是一種揣摩上意的結果。儘管阿扁獲得「保外就醫」，是馬英九爲安撫社會對立情緒而做出的妥協，中監仍把這視爲司法對阿扁的特別開恩，所以「私畫紅線」以逞官威，認爲阿扁應該乖乖聽話、循規蹈矩，對受到的優待知所感恩，這樣可以相安無事；如果阿扁對行動上的限制敢表示異議、逾越紅線，就表示不知感恩、態度不佳，那就準備接受管教。中監——以及法務部長等人——完全忘記了阿扁不是一個罪有應得的受刑人，而是一個司法不公的受害者；長時間以來司法沒有還他公道已是萬萬不該，現在居然還將錯就錯又一錯再錯，要繼續把他當成一個罪犯糟蹋。這有點像政府強拆合法民宅，當受害人搬到公園涼亭遮風避雨，警察還要追著開罰單；政府先惡意剝奪了阿扁的自由，好不容易找到一個「保外就醫」的名義放阿扁自由，還要怪他怎麼沒有遵守保外就醫下對自由的限制。法務部不會覺得中監的騷擾是對阿扁的「二度傷害」嗎？不會因爲自己有錯在先還咄咄逼人而覺得羞慚嗎？握有公權力者若只看見人民的「秋毫」而不見自己的「輿薪」，有什麼資格治國？

邱太三部長與許宗力院長居司法高位，有權力重振司法公信、有責任提供司法救濟，如果有一分責任感與羞恥心的話，對於自己職權範圍內發生的重大弊病與質疑，即使不是出自自己之手、即使已經是既成事實，也應該會有洗刷污點、回復榮譽的企圖心才對。正如一個家族的名譽若蒙羞，晚輩會努力洗刷；企業的聲望若受損，後任經營者會努力彌補；同理，前朝政府若喪失民心，後朝仍然應該要努力挽回，因爲個人或許是短暫在位，政府則是長久延續的。

即使他們對重建司法信譽沒有使命感，至少對人權不能無感。我們也同意「天子犯法與庶民同罪」，套句歐威爾在《動物農莊》的用語，法律之前，卸任元首不能要求比一般人民「更高級的平等」；但反過來說，阿扁至少應該得到一般人「同等級的平等」吧，至少不應該遭受「更高級的不平等」吧。支持阿扁者從未期待法外開恩，只要求公平對待，這是民主法治國家對基本人權的保障，不容政府忽視，尤其不容職司司法的首長漠視。

所以我們的結論很簡單：小英總統應把握住扁案受到司法迫害的本質，依〈憲法〉第40

條賦予總統的權力，對阿扁特赦以爲救濟，並徹底杜絕司法體系再有任何挑釁追殺。

假設如媒體所傳，總統擔心驟行特赦會「增加社會對立」，我們在此具體建議：總統即刻指示「司改國是會議」收回「不討論個案」的成命，將扁案由羈押起訴到有罪定讞的完整影音與文字記錄送交大會，由全體委員針對扁案做共同審理，特別針對外界所指控程序上的瑕疵與實質上的任意，切實檢討回應，最後做出集體建議，提交小英總統做特赦與否的參據。

這個建議想必會大幅增加委員們的工作量，但我們相信也會大幅增加這次國是會議的價值與意義，因爲扁案爭議的陰影已經盤據在台灣上空多年，不僅撕裂社會感情、摧殘司法公信、也打擊對新政府的向心力；如果要選出當前台灣內部最需要解決的政治不安定因子，扁案應該會排名在前。

我們附帶的用意是，「司改國是會議」開風氣之先，藉此扮演扁案的「陪審團」角色，由平民代替專業法官，純粹依證據做有罪無罪的定奪。雖然在許多細節上與眞正的陪審團尙有出入，但仍可做爲特赦阿扁議題的某種民意基礎，應可減低產生社會對立的顧慮，讓小英寬心。

此外，由於委員之中不少來自司法體系，包括陳瑞仁檢察官、邱太三部長與許宗力院長等，所以也是迫使他們以本位立場對扁案表態，讓人民檢驗他們的專業見解與職業倫理，以及他們對保障人權的信念是否堅持。公開透明是化解誤會的不二法門，或許經過會議的公開論辯，有助於大家對司法信心的恢復。

一年前的今天，《綠逗社論》刊出一篇〈做出正義之舉〉，期待小英總統早日實現平反阿扁的承諾，不要讓大家苦苦哀求。結果呢？沒有結果！今天我們又重拾舊話，因爲我們覺得不能讓小英單獨承受所有壓力，所以建議讓「司改國是會議」也發揮匡衡國是的功能，共同承擔轉型正義的責任。我們期待一年後的今天，台灣已然脫離扁案陰影，永遠不需要再爲扁案耗費墨水與淚水。

二〇一七年六月二十日

營區草坪上的毒品——敬復司法院

若是本人都是以判決的結果對綠營有利或不利做爲評斷，那麼扁案及其他政治敏感案件中，諸多「程序不正義」的指控是怎麼回事呢？這些不尋常、甚至無前例的審判過程，請給個說法好嗎？

本人接受蔡總統提名監察委員，在記者會上以「清除司法敗類」明志，司法院隨即公開聲明「不能贊同」，並表示司法雖有可以改善的空間，但絕口否認法官有受到特定政黨利益或意識型態的影響，反而斷定本人對一些個案的評論，是「用粗疏的印象、政治的思考，將其歸咎爲黨派操控、特定意識型態等非以實證爲基礎的因素」，換句話說，眞正不能公正中立的是本人、不是「辦綠不辦藍」的法官。

司法院的這種反應，雖說並不出人意外，仍然令人失望。該院一方面滿口承認有改善空間，另一方面又強硬地把改善空間與政治因素脫鉤，你說他自大也不對、說他知錯也不對，這是一種典型的官場攻防話術，絲毫沒有誠實自省的意涵；你若追問所謂的改善空間如果不是政治干預，那是些什麼？他一時間必定語塞，之後就拿些含糊籠統或枝枝節節的瑣事來搪塞。

本人冒著「造成司法傷害」與「法官寒心」的大不韙，本於一介平民的身分，要直截了當地再度指稱，司法院最大的改善空間，就在於部分法官被黨派操控、受特定意識型態洗腦，依威權指揮行事，而不在其他。

司法院在聲明中開宗明義強調：「法官超出黨派之外，依法獨立審判，不受任何干預，……是司法院及全體法官所信守的核心價值，不容有絲毫動搖。」云云，這是有意無意混淆一件事的「應然面」與「實然面」，對全體法官「應然面」的要求，不代表全體法官在「實然面」都做到了這些要求，這個簡單的邏輯還需要「以實證為基礎」嗎？反過來說，若司法院對法官一聲令下，所有法官就都乖乖超然信守「核心價值」，這種推論才需要「以實證為基礎」吧。

聲明中又說：「在政黨激烈對立的社會，針對政治敏感案件，難免因當事人立場不同，對審判結果有不同感受與評價，是審判制度上難以避免的情況，舉世各國都無不同。」司法院這一段解釋是蠻滑稽的，本人還沒聽說有哪一個國家的司法判決——不論政治敏感與否——可以讓兩造皆大歡喜的，即使當年所羅門王的智慧判例中，恐怕做偽的一方也不會開心吧。司法院把本人對個案的指控，歸責於司法判決是你贏我輸的「零和遊戲」，難以同時討好立場相左、感受互異的雙方，以致某些法官的判決對綠營不利，就成了本人口中的恐龍法官，隱射本人是強人所難、無理取鬧。本人只想指出一個「小破綻」：若是本人都是以判決的結果對綠營有利或不利做爲評斷，那麼扁案及其他政治敏感案件中，諸多「程序不正義」的指控是怎麼回事呢？譬如「一再延押、不准交保」、「教唆僞證不重審」、「大案併入小案」、「換法官不經被告同意」、「自創實質影響力說」、「上級法院逕爲判決」等等，這些不尋常、甚至無前例的審判過程，請給個說法好嗎？

日前清泉崗基地的營區草坪上發現幾十包毒品，國防部長面對質疑時，居然堅持「一百分的部長一定有一百分的部隊」，大家愕然；一百分的部長「應該」要帶出一百分的部隊，但那幾十包毒品被發現，證明這個「應該」落空了；即使幾起「陽性反應」都是吃感冒藥所致，仍有軍事場所門禁鬆弛的問題。部長若盲目「相信部屬」，不但不是值得信賴尊敬的好長官，而且是不敢面對事實的懦夫。

同樣的道理，多年來我們在司法院的「營區草坪」上，屢次舉發「毒品法官」的蹤跡，如果許宗力院長仍然選擇「相信部屬」，所有的惡毒判決都是良心的「自由心證」，把責任都推給鳴笛者的政黨偏執，只怕人民對司法改革的期待一旦落空，不是發表幾篇司法院聲明、譴責一下幾張烏鴉嘴，事情就能安然落幕的。

本人的監委資格尚未經立法院審查同意，本應謹言愼行、多做功課，故近日常閱讀陶百川、雷震兩位賢者的著述，充實自己，從中體會出爲官之道就是「擇善固執、言所當言」。對司法院聲明的反駁，請以「予豈好辯，不得已也」視之。

二〇一七年三月七日

台灣司法有長進嗎？

目前不少盤據在各級法院的法官，若不是長期吸取黨國奶水長大，就是長期接受黨國洗腦教育，黨國思想早已「內化」；即使是黨禁解除後的八、九年級生，仍是在黨國遺緒的司法生態中浸淫，有相當比率先天上還是以國民黨爲正統、以民進黨爲異端。

幾乎整整六十年前的一九五七年七月一日，雷震主辦的《自由中國》（第十七卷第一期）刊出一篇社論〈今日的司法〉，這是《自由中國》以「今日問題」爲總標題，連續發表十五篇社論的第一篇，指出蔣政權一黨獨大，爲所欲爲。該社論文長六千多字，依據該年監察院一年一度的年會檢討記錄，痛陳當前司法：「比日據時代還不如……，抗戰八年所收回的台灣，竟使人民尚懷念日據時代司法之公正，怎不令人羞愧。」社論明確指出司法的四大弊病，包括：⑴司法不獨立；⑵審判不公平；⑶司法主管墮落；⑷司法人員貪污。這篇社論最後做了這樣的結論：「要反攻復國，必須收拾民心；要收拾民心，對於司法的黑暗必須儘量剷除。」

一個月後，隔了一期，該刊就被迫刊出一篇〈台灣高等法院對「今日的司法」之聲明〉，這篇聲明同時刊登於《中央日報》、《新生報》及《聯合報》。文中指責前述社論內容「軼出言論自由範圍……，其用心殊難解索，如該文作者果係忠於國家愛護司法，理應負責檢舉……，茲乃捕風捉影以讕言淆惑聽聞，不但法所不容，在情理亦不宜出此……，影響司法信譽」云云。但由於社論中大量引述了高達九位監委的逐字發言，高等法院不敢直接反駁，只好拐彎抹角地抱怨：「該刊社論登載不實，故事渲染，且監察委員在院會中之檢討意見，例不對外負責，該社非不知悉，乃竟摭拾此種意見……，從而誣衊全體司法同仁。」用大白話來說就是：這些不負責任的監委又在亂講一通，別人都知道，只有你《自由中國》拿來加油添醋，是故意裝蒜嗎？是要讓我們丟臉嗎？令人擊掌稱快的是，《自由中國》在三個月之後追加一篇〈再談今日的司法〉，指出：「既認本刊法所不容，而又不遵循司法途徑來處理，偏要發表那樣一篇政治性的聲明，這不是正好表明自己不謹守司法本分嗎？」一棒擊中要害，高院就銷聲匿跡了。

該篇社論最值得注意的是形容司法變成了「行政的附庸」與「政治的工具」，並指出：「主管司法行政的人們，一味只知仰承意旨而行事。」這裡沒有明白指出司法是中國國民黨的附庸與工具，理由很簡單：在當時的台灣，行政也好、政府也罷，都是國民黨的同義字，

「仰承意旨」當然就是指仰承該黨的獨裁者蔣介石的意旨。一九五九年二月，雷震又在《自由中國》寫了一篇具名長文再論司法問題，說道：「今日外來干涉司法審判之第一位，要數國民黨而非行政院。」一年半之後，《自由中國》被警總下令停刊，雷震被捕，老蔣親自指示「刑期不得少於十年」、「覆判不能變更初審判決」，坐實司法不只操控在國民黨手中，更在老蔣一人手中。

半世紀之後的今日，回顧這段歷史，讓人有舊事重演的感覺。那篇社論指出的弊病與結論，對照本人與張靜律師近日對司法提出的指控，有驚人的重疊。另一個驚人的相似是，日前司法院對本人發布聲明中的用語，與當年高院聲明的口氣，也如出一轍。好在自從民進黨再度取得執政權之後，中國國民黨在台灣已經成了「潦倒貴族」，理念被人唾棄、只剩一堆黨產，再也沒有獨裁靠山、威權撐腰，否則《自由中國》恐怕就是「綠色逗陣」的前車之鑑吧。

但對許多綠營的政治人物而言，國民黨的垮台還是慢了一步，包括陳水扁總統在內的十多位政務官，在國民黨復辟的那幾年，慘遭國民黨藉司法之手進行迫害，以違反「程序正義」的審判過程，做出違反「實質正義」的裁罰。這些不公不義是在號稱民主法治的體制下發生，是在民選總統的默許下、甚至授意下公然進行，比起以往威權時代的作爲，更令人覺得可恥。

爲何台灣的司法如此不知長進？或許只能用漢娜．鄂蘭（Hannah Arendt）創用的「平庸的邪惡」（banality of evil）來解釋。鄂蘭旁聽納粹劊子手艾希曼（Adolf Eichmann）在耶路撒冷受審時，對自己所有犯行承認不諱，但堅稱只是聽命行事，盡力做個好軍人，而命令之下做出的邪惡行爲不能算是邪惡。依照鄂蘭的想法，相對於「平庸的邪惡」是「極致的邪惡」（radical evil），是指「明知是惡而執意爲惡」，例如希特勒。不過儘管在鄂蘭的認知裡，艾希曼的邪惡等級是「平庸」，但她認爲艾希曼對自己所作所爲還是要負責任。

艾希曼企圖逃避罪責的藉口是「服從命令」，如果我們追究威權時代的軍法官及司法官，他們所用的藉口應該也會是如此，難怪蔡總統曾以「那個時代誰不服從威權」來替某舊官僚緩頰。不過更嚴重的問題是，今天的台灣雖然獨裁已死、威權不再，可是目前不少盤據在各級法院的法官，若不是長期吸取黨國奶水長大，就是長期接受黨國洗腦教育，黨國思想早已「內化」；即使是黨禁解除後的八、九年級生，仍是在黨國遺緒的司法生態中浸淫，有相當比率先天上還是以國民黨爲正統、以民進黨爲異端，這是人之常情，不必也不能否認。

司法院儘管大聲嚷嚷，二〇一一年公告的〈法官法〉明訂法官退出政黨，但對歷史稍加留意就知道，「各級法官須超出政黨以外」的規定，早在一九四六年〈憲法〉母體的〈政協憲草〉中就已明訂，其後青年黨與民社黨在制憲時也堅決要求列入〈憲法〉，雷震說：「因爲他們受夠了國民黨『黨化司法』的痛苦。」結果的確入憲了，但「國民黨各級黨部照樣用種種方法『橫加干涉』」。所以〈法官法〉再重申一次，會有多少實質效果？國民黨籍的法官表面退出政黨、其實只是化明爲暗，意識上則並未解放。

時至今日，這些「黨化法官」雖不能再以「服從命令」爲惡，但司法制度中的「獨立審判」與「自由心證」提供了更好用的保護傘，判生判死、存乎一心，可以說世間再無更絕對的「獨立」與「自由」了。運用在現階段的台灣，退可以縱放馬英九在職時的弊端、進可以牽制民進黨政府對轉型正義的追求，進階版的黨化法官已完全適應了政黨輪替的環境變遷，成爲物競天擇的贏家。

萬幸孫文〈五權憲法〉提供一個監察權，可以彈劾不知長進的法官，意外讓新政府得到一個清除司法敗類的破口，眞是天佑台灣。然而就如黑契（Abraham Heschel）的名言：「良善的對面不是邪惡，是無感。」我們固然面對頑強的邪惡，但眞正可怕的是國人對邪惡的無感。在進行中的監察委員補提名作業，若是能引起台灣人民對司法毒瘤與國民黨反撲的警覺，對日後監委行使職權的支援與監督，對台灣司法改革永不止息的熱情，或許這才是讓司法長進最大的動力。

二〇一六年三月十日

司法機關願意接受挑戰嗎？

爲了洗刷以往民調低迷的恥辱，司法院與法務部應自行主辦一次大規模的民意調查，限以全國的執業及退休律師爲訪查對象，由他們做司法官辦案品質的鑑識，等於是由業界專家來鑑定產品的良窳，應該可以避免摻雜「無中生有」或「先入爲主」的民調誤差。

提到司法改革，大家就想起蔡英文總統在就職演說所言：「司法不被人民信任，失去作爲正義最後一道防線的功能。」短短兩句，獲得如雷掌聲。半年之後，蔡總統再於「司改國是會議」的籌備會議開幕式上，當眾期許司法「不要發生『有錢判生，無錢判死』的情況」，令人印象深刻。

不料「中華民國法官協會」對號入座、大爲光火，以公開信反批蔡總統是藉司法改革轉移施政無能的焦點：「上述演說內容，不僅斲傷司法尊嚴，更無疑是百分之百的政治語言。在臺灣，政治人物慣於使用政治語言來掩飾施政績效不彰」等語。該協會不僅要求蔡總統指出有哪些「具體案例」，讓她感受到司法問題嚴重，同時也指責：「司法機關面對這類政治攻訐也往往沉默以對，無怪有人說消費司法是最廉價的政治語言。」連帶行政院法務部與司法院也受到拖累。

法官協會把蔡總統對司法改革的重話，以一句「政治語言」徹底否認，這是一般人「見笑轉羞氣」的標準反應；蔡總統只是在反映人民普遍的心聲，哪有可能在演說中舉證歷歷？而聽眾的激情掌聲，相信都是長期以來累積的不滿所致，有些或許出於親身經歷到司法不公，不然就是對藍營司法追殺阿扁總統及前朝政務官表達憤慨，這些恐怕除了凶殘成性的恐龍法官或是頭埋在沙中的鴕鳥法官，全台灣無人不知，又哪裡需要蔡總統以「具體案例」來引發回響？

但另一方面，法官協會對司法機關的裝聾作啞，痛加撻伐，老實說，倒是言之成理，我們頗有同感；因爲司法正義不彰被總統點名、被國人詬病，應該負責的政府主管單位卻既不承認、也不否認，既無道歉、也無辯解，十足是「笑罵由人、好官我自爲之」，這實在不是一個民主政府的正常反應。在媒體傳頌多時的「中正大學犯罪研究中心」及《天下雜誌》所做的民調裡，一再把法官與檢察官列爲最不獲人民信任的職業類別，司法院與法務部卻是老神在在，好像講的是非親非故的「路人甲」，眞可謂「士大夫之恥是爲國恥」。這些難堪的民調，不要說是五院與中央部會了，就算是我們「綠色逗陣之友會」一個民間社團，若是有人公然指著鼻子罵我們，而且罵得我們啞口無言，做爲理事長的我，能不帶著全體理監事一起去跳淡水河嗎？

司法機關對民意「耳背」還不只如此，我們再舉一例：「司改國是會議」總結報告當日，司法院長不顧分組表決共識「難產」的事實，自行宣布將在年底前擬定〈人民參與審判法〉草案，送到立法院審議，以「參審制」先手排除民間司改團體主張的「陪審制」。司法院只籠統地表示：「沒有一個國家的陪審制或參審制是完全一模一樣的，我國推行司法改革，應打造屬於我國民情的制度。」至於何以只有「參審制」合於「我國民情」，則不做任何說明，「權力的傲慢」描述的就是這副嘴臉。

「綠逗」在近月發表一篇由「台灣陪審團協會」張靜會長所撰的社論，標題是「爲司法院對陪審制的四個迷思解盲」，該文的觸媒是因爲有媒體披露，司法院高層最近在口頭上否定「陪審制」時，理由約略可以歸納爲四大項。好不容易獲得這些具體的「爭點」，即使只是「反方」口頭上的、並未見諸文書，我們仍然要鄭重其事、逐一澄清與反駁。又爲了防範被對方批評「避重就輕」或「語焉不詳」，社論全文超過八千字，採用條列式、大白話的體例，內容不要說法律專業、就算是司法外行人都可以看懂。該文在網站發布後，隨即寄達司法院的公開電子信箱，恭請過目並指正，豈料獲得的回應連同標點符號共一百八十字，而且包括：「陳師孟君：台端關心司法，謹申謝忱。」至於重點所在的制度比較，一字不提。

至此我們不得不把司法院視爲一座銅牆鐵壁的神祕巨塔，任你在外面叫戰、或要求比試，他都不加理會，最多偶而在牆垣上露個臉，就如同以上的回函，讓人哭笑不得。不要以爲司法本該如此，美國的「大法官會議」可以做對照組，開庭時不但有當事人在場申論、甚至還允許旁聽，沒有密室，決議透明，完全是和人民袒裎相見、據理力爭；這樣的司法，誰能不服？

我們的官方憑什麼裝神祕、搞敷衍？因爲在台灣，司法仍然是最缺乏制衡的公權力，不但一般老百姓在法官與檢察官面前先就矮了半截，就連行政與立法當局都不敢造次，可能是怕被說成干預司法、也可能是有小辮子在對方手上、擔心司法報復。所以司法院和法務部不想做的事，沒人能要求；他們想要做的事，也沒人能喊停；他們做錯的事，更沒有人敢指責。難怪有一種說法認爲，台灣在各方面都進行了民主轉型，唯一的例外是司法。我們認爲司法改革的第一步，就是要求司法機關走出巨塔，坦蕩蕩地回應人民的質疑。就在本文刊登前，台北高等法院宣判馬英九洩密案無罪定讞，判決書荒腔走板、完全悖離權力分立的憲政原則，套用柏楊的話：司法院如果敢就此項判決和民間辯論，輸你一塊錢。

不過那不是本文標題所說的「挑戰」；我們在此提出一個具體可行的建議：爲了洗刷以往民調低迷的恥辱，司法院與法務部應自行主辦一次大規模的民意調查，在專家學者的協助下，探求眞實民意對司法官的信任度。如果認爲一般人民可能有人云亦云的偏見，不能公正客觀地回答問卷，可以在一般民調之外，另做一項專業民調，限以全國的執業及退休律師爲訪查對象。這些人士雖不是司法官的直接「客戶」（也就是司法案件的當事人），但卻是客戶的專業代理人，經手的案件與遭遇的司法官不會是少數，容易累積經驗、培養評定能力，由他們做司法官辦案品質的鑑識，等於是由業界專家來鑑定產品的良窳，應該可以避免摻雜「無中生有」或「先入爲主」的民調誤差，結論更爲精準可靠。如果結果與以往大異其趣，多少可以還給司法官一個公道；如果證實了以往民調所見，則司法機關再無充耳不聞、唾面自乾的藉口，應該痛定思痛，立即提出「改革計劃」，以期亡羊補牢，挽回人民的信心危機。司法院與法務部是否願意接受這個挑戰呢？

二〇一七年十月十三日

權力劃分的「五．四．三」——論監察院與考試院的存廢

目前台灣需要的，乃是一個立法、行政、司法、加上監察的「四權憲法」。理由就在現行〈憲法〉第99條，讓監察權的設置意義得以超越政府內部管控，而驟然提升至權力制衡的層次，對不肖司法人員可以迎頭痛擊。

西方民主法治國家一般依據「三權分立」的原則組成政府，也就是中央政府內部分爲立法、行政及司法三個部分，各司其職、互相制衡，不會有任一者被壓抑、也不容許任一者獨大。有人指出，這個原理最早出自一七四八年法國孟德斯鳩（Montesquieu）的《法意》一書，但若非美國幾位開國元勳的慧眼，在一七八七年的「制憲大會」將之寫入全世界第一部成文〈憲法〉中，權力分立的政府架構或許不會成爲全球民主國家憲政設計的藍本。推動立憲最力的「聯邦論者」三傑之一的麥迪遜（James Madison），對三權分立清楚闡述：「若把立法、行政、司法所包含的權力全部託付在相同的手中，不管這是一個人、少數人或許多人，也不論是世襲的、自封的或民選的，都大可就此宣稱這是暴政的定義。」可知權力分立

的用意不只在避免暴政，更是要防範合法產生的暴政或民選的獨裁，就像當年納粹黨的希特勒也是民選產生，唯其所有權力一把抓，以元首之姿霸凌議會與法院，結果爲惡造孽遠遠超過世襲的沙皇或天皇。

所以權力分立的第一要義就是各項權力不能「一手掌握」，而且相互間要能產生有效的「制約與平衡」（checks and balances）。以美國的三權架構爲例，行政首長、國會議員、甚至部分檢警司法人員都是民選產生，讓各自有獨立運作的民意基礎與權力來源；但更重要的是存在於三權之間的競合關係，或更激烈的相剋設計。比方說，行政與立法在法案與預算上站在對立面是常態，而高階司法人事如大法官或聯邦法官，需經行政提名與立法同意，讓司法不能高高在上、無拘無束；但司法部門又虎視眈眈監督前二者，官員、議員犯法與庶民同罪之外，司法者更以社會正義的最後一道防線自居，若立法者制定惡法或主政者執行惡法，別想越過獨立審判的雷池。美國新任的強人總統川普剛上台，企圖簽署一連串的「總統行政命令」來實踐競選政見，卻被幾位聯邦法官連續以「違憲」打了回票，這些法官的任命都要經過總統的，但不會因此放水，由此充分展示三權分立的制衡作用，特別是司法的獨立超然。

瞭解了權力分立的用意之後，接下來的問題是：何以只分爲三權呢？四權或五權不好嗎？分得越細會不會作用更大？其實權力如何劃分是有一定原理的，不是多多益善，也不是隨人高興就好：政府行使權力的對象乃是人民，亦即國家權力展現的起點是政府、終點是人民，因此只要把政府與人民之間的「權力界面」劃分清楚，就知道該分爲幾權。我們可以想像，政府要依法來治理人民，首先當然要「有」法，其次要「執」法，最後是「釋」法。也就是說，政府必須先有權訂定法律，讓人民有所依循；其次政府要有權執行法律，對人民的管理於法有據；最後政府要有權詮釋法律、判定法律適用與否，據以對人民做出公平的裁罰或救濟。既然政府與人民的法律關係不外就是這三個界面或階段，對應的立法、行政、司法三權就足夠涵蓋周全，不必再畫蛇添足。

三權分立之說在美國實施了百餘年後，傳到孫文的耳中，不知是否有意增添一些中國特色，大筆一揮，加上考試與監察兩權。有時想想，我們這些活在廿世紀末與廿一世紀初的台灣人，還眞是三生有幸：古往今來全球幾百億人來了又走，敢說只有我們這一小撮領教過這部〈五權憲法〉，不是嗎？

依〈中華民國憲法〉，考試權「掌理考試、任用、銓敘、考績、級俸、陞遷、保障、褒獎、撫卹、退休、養老等事項」（第83條），洋洋灑灑十一項；至於監察權，是要「行使同意、彈劾、糾舉及審計權」（第90條），同意權被增修條文第七條刪除後，也還有三項內容。孫文獨創的這兩權，表面上各有不少重要的功能，令人懷疑孟德斯鳩老兄是不是智商稍遜，怎麼在政府體制的設計上留下這麼多漏洞，好在有中國的孫文來補遺。不過仔細斟酌不難發現，考試與監察兩權有一個共同的特性，是與西方的三權大異其趣的，那就是這兩權都以廣義的「公務人員」爲行使對象，而與一般非任公職的人民風馬牛不相及。換句話說，孫文的「添加物」其實脫離了前述政府與人民間的法治關係，而只是爲了應付政府內部組織與管理的需要所制定出的規則，層次遠低於前三權；譬如考試是遴選公務員的程序，監察是處置公務員怠忽職守的機制，這些或許有助於公務員的素質與公家機關的效率，但對促進民主法治的實現，似乎無濟於事。

即使針對政府內部防弊的需要而言，考試權與監察權的實際效用也有待商榷。先論考試權，這本是沿襲中國的科舉制度而來，在古代政府官員多被皇親國戚、世家大族所壟斷，造成「近親繁殖」的惡性循環。因此由國家考試產生的「士大夫」階層，打破門第之限、促進公平競爭，確有提高官員素質、政府效能，與提升社會讀書風氣的作用；然而科舉更有黑暗的一面，自古以來，科舉也是一種政府籠絡、控制、甚至奴化讀書人的手段，因爲任官需先經過統治者的篩選過濾，使大部分讀書人爲求及第，思想漸被狹隘的儒家「君君臣臣」或「士爲知己者死」所束縛，無論是眼界氣度、自主創造、獨立思考都被大大侷限，這是何以科舉在中國實施了千餘年，結果到了清朝末年國力乃不堪一擊、飽受列強凌辱。孫文推翻滿清、創建民國，在其〈五權憲法〉中卻又讓科舉制度在考試權上借屍還魂，並沒有學到教訓。

再後國民黨政府自中國大陸潰逃至台灣，老蔣假借實施憲政，把考試任官制度做爲鞏固統治權的工具性質，益加發揚光大。具體的做法有二：一是國家考試以「分省定額」規定，保障外省族群的錄取名額，用「全中國」總人口做基數，訂定各省考生錄取上限，於是在台灣只佔人口十五％的「外省人」，分配到九八％以上的名額，而佔八五％的「本省人」，只能競爭不到二％的名額，本省籍考生形同背負「原罪」，即使分數較高，仍可能慘遭淘汰，如此蓄意造成公務體系「黨國一體」的族群結構，方便「外來少數」統治「本土多數」。二是開辦「甲等特考」，這是蔣家父子侵犯智慧財產權，對孫文考試權的加碼濫用，主要是爲了一群在政府機關佔高職等缺、卻又不具高考資格的外省權貴子女，甲等特考是這批「黑官」漂白的大澡缸。這種考試因人設科，量身打造，時常是一人一科的同額考試，雖有面試及論文審查，但這兩項完全由高層內定的審查者控制，所以仍是虛應故事，難怪被謔稱「假考」。「台版太子黨」甲考紅榜包括馬英九、宋楚瑜、蔣孝嚴、錢復、李慶珠、徐立德、毛治國、胡志強、黎昌意等等，族繁不及備載，都是透過這個旁門左道取得任官資格。

另有一些善於迎合統治者的「台籍」人士，包括最近頗受矚目的伍錦霖，當初受惠於甲考、終至被「系出同門」的馬英九任命爲考試院長，眞是惺惺相惜、「佳話」一則。另一位是日前大出風頭的陳庚金，第一次甲考未取，怪口委不公，第二次才過關，以後也曾擔任考試院考選部次長等職；這次露面是支持郝龍斌參選國民黨主席。日前因爲小英總統執政重點工程的「年金改革」涉及考試院的執掌，這兩人逮到機會，對新政府「年改政策」公然表示不買帳，甚至公開鼓動公務員「能撈就撈、能混則混，拖垮（新）政府」，一葉知秋，甲考的高材生多是這種貨色。

科舉考試的原意是在防止特權把持政府，但道高一尺魔高一丈，在中國國民黨蔣氏父子操控之下，進化版的考試權反而成了特權治國的溫床，這是何等諷刺的事。即便甲等特考在李登輝總統時代已經廢止，但多年來由國家考試「遴選」出來的一般公務人員，尤其是目前的退休一族，不但不是棟樑之材，反倒大多是台灣社會最保守反動的一群，以「全國公務人員協會」理事長李來希爲代表，一碰到公務人員年金改革的議題，就說「不能有針對性的改革」，一提到取消十八%優利存款制度，就說要「嚴格遵守法不溯及既往原則」，這已經公然以「既得利益」取代「忠黨愛國」爲其中心思想，出盡了國家考試的洋相。

筆者二十多年前訪問新加坡捷運當局，被告知他們員工來自十多個國家，都是該單位自行招募而來，每個人的敘薪沒有一定標準，全看其學經歷與任內表現，既不需國家考試、也不用統一銓敘；就算是最看重考試的日本，對國家考試也只設置在文部省的一個內部單位；而美國二百萬聯邦公務員的各項管理，只靠一個類似我們「人事行政局」的「人事管理辦公處」（OPM）就搞定。孫文爲考試銓敘這種瑣事別設一權，與另三權平起平坐，舉世獨此一家；可是「獨一」與「第一」有相當不同的含意：舉世「第一」表示是別人都跟不上的創新見解；舉世「獨一」則表示是別人都不想跟的荒謬念頭。考試權是走入歷史的時候了，如果不能靠修憲讓它「猝死」，至少也應該逐步刪光預算讓它「安樂死」。

那麼監察權又是如何？監察權是對公務人員「有失職或違法情事」，可以提出糾舉與彈劾，這種以防弊爲主旨的設計，應該比較不會像考試或銓敘那樣，反而滋生特權橫行的流弊。不過不論是失職或違法，本來都各有管轄的機制：一般公務員違法，當然屬於司法權的行使範圍，與百姓同樣應移送檢調與法院；而公務員失職，則是由其隸屬的單位主管負起導正處分的責任，官僚體制講究層層節制——從股長、科長到部長、院長——就是爲了內部監控，所以也非乏人可管。因此就一般公務員而言，維護官箴其實不勞另設一個高高在上的監察權，孫文的第五權只是疊床架屋之舉。

但是監察權是否也該和考試權同步走入歷史，讓五權回歸三權呢？雖然長久以來，許多綠營有識之士都有此議，我們倒是在此呼籲「刀下留人」；我們認爲目前台灣需要的，乃是一個立法、行政、司法、加上監察的「四權憲法」。理由就在現行〈憲法〉第99條：「監察院對於司法院或考試院人員失職或違法之彈劾，適用本憲法……之規定。」意思是，監察院的職權行使並不限於行政院的狹義公務員，而幾乎涵蓋全體公職人員，只除了民選的立法委員與監察委員本身。這個延伸的範圍，讓監察權的設置意義得以超越前述的政府內部管控，而驟然提升至權力制衡的層次，對不肖考試委員可以逼其就範、對不肖司法人員尤其可以迎頭痛擊。我們要強調，權力劃分是手段，權力制衡才是權力劃分的最終目的，是以任何有助於制衡的劃分方式，都有其存在價值，應該重視。

那麼何以三權分立對西方民主國家的權力制衡很夠用，對台灣就需要監察權來參一腳？關鍵在於「司法獨立」在美國是立國傳統，在今天的台灣則是天方夜譚。三權分立有如三足鼎立，不能有任一足跛腳，否則權力制衡就破功。在台灣過去半個多世紀，司法受到主政者宰制霸凌，就是中國國民黨得以遂行專制統治的主因。在兩蔣時代對異議者的軍法審判固不必說，即使進入廿一世紀，司法繼續扮演中國國民黨的幫兇、甚至打手角色，一些惡檢與惡法官借「獨立辦案」爲名、以「自由心證」爲辭，一方面構陷追殺阿扁與扁朝政務官；另一方面爲馬英九從台北市長以來的不法極力脫罪，甚至到政權已三度輪替的今天，還想爲不當黨產護航，效忠特定的意識型態、服務特定的政黨利益。司法最後防線一旦潰堤，社會公義必遭踐踏，所以新政府要想落實轉型正義，司法除垢及恐龍退場，絕對是首要之務。

但問題是，這些司法敗類躲在「任期終身保障」的金鐘罩下，笑罵由人、好官我自爲之，其奈我何？但他們忘了監察權正是他們的剋星；不只如此，三年前國民黨還把持立法院之際，居然在行使監委同意權的案子上，粗心大意剔除了馬英九提名的十一人，留下小英政府可以即刻補提名的空間，百密終有一疏，成爲割除司法癌細胞的契機。小英總統若能賦予這批監察院新血「不打蒼蠅、三分打老虎、七分打恐龍」的任務，在所剩任期之內實現「司法河清」的理想境界，這應是一位以國家與人民爲念的領袖，能對台灣所做的最大貢獻。

三權乎？五權乎？四權如何？

二〇一七年二月二十日

黨國司法何時了？恐龍知多少？——論台灣司法的制衡

一、前言：「司改」的成敗在「年改」？
二、介紹侏儸紀的正義女神——「司法恐龍」
三、司法恐龍的DNA——中國國民黨
四、司法恐龍是不是「平庸的邪惡」？
五、誰來制衡司法？
六、立法權對司法的制衡
七、監察權對司法的制衡
八、監察院應有的配套改造
九、結論：期待監察權的退場

侏羅紀的正義女神　　邱顯洵繪

一、前言：「司改」的成敗在「年改」？

新政府執政一年多來，在媒體政論節目中最常被引用的一項數據，應該就是二〇一六年初「中正大學犯罪研究中心」發布的民調，是調查台灣民眾對司法人員「公正性」的評價。結果發現有八四．六％的受訪者認爲法官不公正、也有七六．五％的受訪者認爲檢察官不公正，認爲法官與檢察官公正者，平均每五人不到一人；換句話說，在台灣認同司法公正的，即使不算稀有人種，至少也是少數族群。有趣的是，司法機關迄今沒有對這個有損官威的民調做出任何反應，是修養太好、還是臉皮太厚，我們不得而知。

這個被津津樂道的司法民調，其實不是去年才首創的，早在一九七六年十月三十一日，「法律世界雜誌社」就做過類似的調查，結果發現人民對司法的信任感極爲欠缺，與今天的感受有驚人的相似：認爲「不好」和「極壞」的分別是六六．五六％及一五．八四％，而認爲「很好」及「好」的，分別是〇％及一七．六％；所以負面評價共是八二．四％。對照今昔，這四十年來，人民心目中的台灣司法可說完全沒有進步；當台灣在其他各方面都展現今非昔比的狀況，只有司法仍然受到普遍的詬病，那就難怪新政府上台之後，司法改革的呼聲不斷了。

蔡總統對這個民意倒有相當積極的回應，不但更換幾位司法首長，而且最令人興奮的是，在就職第一年就召開了一場「司法改革國是會議」，動員上百位法學界、律師界、人權工作者，以及法務部與司法院現職人員，連續進行數月的分組會議，討論上百項改革方案，頗有要讓大家耳目一新的氣勢。

大家對這個「司改國是會議」的期望當然很高，誰都知道司法威信淪喪的最大癥結不在於法律不夠周全，而在於不肖司法官員的長期玩法弄權，所謂「徒法不足以自行」，再完備的法條碰上有心為惡的司法官員，社會正義的最後一道防線也會失守。

司法不公又可分為兩種情況：一般小老百姓會說出「有錢判生、無錢判死」，代表司法人員普遍有貪瀆的情形，在民間製造出一群司法黃牛與一堆「冤錯假案」，久而久之，社會道德水準日趨下流，公平正義可以用金錢交易，根本不配稱為法治社會。但更嚴重的是，在威權時期，中國國民黨藉著司法遂行的政治迫害，才是對台灣社會最大的摧殘，近半世紀的戒嚴統治，培養出一批黨國奶水餵大的無良司法官，對付不向威權低頭的異議分子如同「戰犯」，必欲除之而後快。即使到解嚴三十年後的今日，司法體系內仍存在這些黨國餘孽，繼續效力心目中永遠的黨國。所以對我這個「老綠男」而言，這次「司改國是會議」所代表的，乃是轉型正義終於搬上政治檯面，在全民見證下進行司法「平反」與「除垢」，讓黨國司法官不再寫「起訴狀」或「判決書」，回家寫「懺悔錄」就好。

只是當我們以爲在國是會議的眾多議案中，必定會有一項是討論司法官的「退場機制」，幾番尋尋覓覓，勉強與「退場」沾上邊的，是一則「檢討法官、檢察官的『退休給付』」，列在第三分組「權責相符、高效率的司法」的主題下，退場變退休，難道是想用更多退休金來引誘他們早早退場？一查之下才發現，這一則議題來頭不小，原來是司法院主動提到國是會議的「八大議題」之一，更早則是許宗力新官上任對法官開出的第一張支票，當時蔡總統兩大改革的另一個「年金改革」已先啓動，法官與檢察官退休給付也在改革之列。許院長給全體法官的公開信說：「法官退休給付的問題，我當然知道重要性，……因此在我獲立法院審查通過正式就任之前，就請祕書長及人事處長與年金改革委員會主事者協調溝通，……法官的超量工作負擔，沒有相搭配的誘因，非但吸引不了優秀人才擔任法官，也會造成現職法官的離職潮，最後是司法的災難，也是全國人民的大災難。總之，法官退休給付關係司法的運作與發展，重要性非同小可，我當然必須全力以赴。」所以蔡總統欽點推動「司改」的司法院長還未上任，就先把另一項「年改」當成頭號威脅，要爲法官「反年改」全力以赴，等於是向大家說：用「退休給付」留住現職法官都唯恐不及了，誰跟你談「退場機制」？

既然要提「退休給付」，我們就翻開二〇一一年六月才修訂過的〈法官法〉，該法第八章第78條是有關「法官之自願退休」的給付規定，檢察官一併適用。條文中明訂法官自願退休者，除依〈公務人員退休法〉給予退休金及十八％優利一項不缺外，另有所謂的「退養金」，按年資與申請退休年齡逐級加碼計算，最高可達薪俸的一四〇％。不論如何，各項所得合計以不超過「同俸級現職法官」俸給之九八％爲準；簡單說就是，「所得替代率」可達九八％。這樣水準的退休給付，全國軍公教幾人能及，國是會議還要再慎重其事地「檢討」、爲他們網開一面嗎？

我們很難想像，應當是「司改」的領頭羊，會把化解法官對「年改」的抗拒，當成是「司改」的成敗關鍵，爭取比其他軍公教優厚的待遇成爲籠絡部屬的手段，以坐穩院長寶座，所顯示出的本位主義與保守心態，讓人對司改大業不敢有任何期待。

二、介紹侏儸紀的正義女神——「司法恐龍」

我們所稱的司法恐龍，乃是司法體系內的黨國餘孽，這些司法官是不是「按件計酬」的貪官，我們不曉得，但他們絕對是殘害台灣社會良心的劊子手。我把司法恐龍再分爲「肉食性」與「草食性」兩大類型：前一類是嗜血的暴龍，充當政黨打手，當中國國民黨保有政權時，他們公然進行對「非我族類」的迫害，從兩蔣時代的雷震、殷海光、傅正等《自由中國》知識分子，算到鄭南榕、陳文成等海內外「黑名單」異議人士，一直到今日陳水扁前總統本人及諸多扁朝政務官與阿扁幕僚等，他們對正義與人權的侵犯罄竹難書，令人髮指。後一類是皮堅肉厚的甲龍，扮演政黨保鑣，當民主進步黨取得政權發動轉型正義時，他們就在司法案件上爲國民黨護航，不論是捍衛不法黨產或包庇不法高官，兩套標準偏袒黨國，以致有「法院是國民黨開的」之說。

台灣的民主化過程眞正堪稱奇蹟的是：在蘇聯瓦解時，各國的共黨黨產可以一股腦被清算充公，在台灣不行，要再三請求提供證據、一筆筆對簿公堂，一拖數十年；各國許多共黨貪腐高官可以被抄家驅逐，在台灣也不行，光是不起訴、不受理、不開庭、不宣判，就可以在外逍遙幾十年。這些無非都是司法恐龍的傑作。

我們歸納司法恐龍的爲惡非旁人能及，主要有下列幾點：第一、司法恐龍打壓政治異己，往往不是因爲本身有鮮明的政治理念或強烈的使命感，正相反，這些人不但沒有理想性與價值觀，甚至沒有是非對錯的判斷能力，凡事只知秉承上意，以服從威權爲最高準則，而威權政府總是站在民主法治的對立面，他們自無例外。但另一方面，他們要「對付」的往往是爲了改革、奮不顧身的社會菁英，所以這一類政治案件的後果，十足是劣幣驅逐良幣，造成政治權力體制的反淘汰，影響所及，不只是相關個人之間的利益分配，更重大的是社會大眾的群體利益，這才叫司法的災難與人民的大災難。第二、他們握有的是最絕對的公權力，因爲司法以獨立辦案爲原則，加上審判時得行使自由心證，所以自始至終幾乎不受任何其他外在力量的制衡，掌握司法權，就形同握有「絕對的權力」，即使政府在其他行政權與立法權方面發生轉型，司法仍然有如「化外之地」，可以我行我素、負隅頑抗民主進程。第三、在法治國家的審判制度設計上，檢方固然是代表政府的法律代理，但法官則是政府與人民之間的中立仲裁者，唯當法官也受同一隻黑手操控時，這下子不只是「球員兼裁判」、而且還是「兩個打一個」，對被告根本沒有公平性可言，司法失去公平性，僅是垃圾。

三、司法恐龍的DNA——中國國民黨

以現代術語來說，司法恐龍是中國國民黨的「吉祥物」，伴隨著這個政黨在台灣橫行數十年。最早體會到這個吉祥物帶來的不祥，應是創辦《自由中國》的雷震，他一發覺蔣介石要在台灣建立獨裁政權，就連續半年多發表十五篇社論，以「今日問題」爲總主題，首篇就以〈今日的司法〉（一九五七年七月一日）開場，文中引述了九位監委在監察院年會的逐字發言，痛批：「司法界自身變成了行政的附庸，一味只知仰承意旨而行事。」所謂「仰承意旨」，當然就是指仰承蔣介石的意旨。在一九五九年二月，雷震又在《自由中國》寫了一篇具名長文再論司法問題，這回更指名道姓：「今日外來干涉司法審判之第一位，要數國民黨而非行政院。……（民青兩黨）過去長時間受盡了國民黨『黨化司法』的痛苦，……我們憲

法第八〇條的規定如果不能認眞實行，國民黨各級黨部照樣會用種種方法橫加干涉各級法院。」（一九五九年二月一日）値得注意的是，這是「黨化司法」一詞初試啼聲，一點不意外，一年半的情治騷擾之後，《自由中國》被警總下令停刊，雷震及社內多人被捕，老蔣親自指示雷震的「刑期不得少於十年」、「覆判不能變更初審判決」，坐實司法不只操控在國民黨手中，更在老蔣一人手中。

但那是在將近七十年前，台灣仍在戒嚴中，言論通信自由、集會結社自由、組黨辦報自由等，都還是天方夜譚的時代，在你身邊的不是匪諜、就是警總，沒有黨化司法與恐龍司法反而奇怪；現在已經是「太陽花」及「天然獨」的世代，三十歲上下的年輕人，在「野百合學運」都只是小北鼻，現在則是活躍於政壇的帥哥辣妹，豈容黨化司法復辟、恐龍法官復活？但問題是中國國民黨在台灣從來不曾被掩埋，恐龍從來不曾變成化石，他們在司法體系內近親繁衍、傳宗接代，或許多少活得比以前辛苦些、低調些、隱忍些，但又不曾遭遇到像「隕石撞地球」般的大滅絕，怎麼會消失？我們「老綠男」一輩子生活在台灣，是不是黨國遺緒一目了然、難逃法眼；這不需要特別銳利的眼光或特別高深的智慧，我們放眼周遭的退休公教、退將榮民、義警義消、慈善社福、公家機關與公營事業、鄰里長與村里幹事、同鄉會與同學會、公會商會、基層農漁會及婦女會、公廟與宗教團體、教育、藝文、體育、新聞工作者等等，這些過去挺藍的社會基層組織與團體，在換黨執政之後，縱使不能說老神在在，至少沒有棄甲解兵，既然其他各行各業人士的中國國民黨DNA仍隨處可見，獨獨被國民黨視同「禁衛軍」的法官與檢察官會集體痛改前非、脫胎換骨，有可能嗎？

我以前在台大經濟研究所的一個學生，畢業後又去唸法律在職專班，目前是一位主任檢察官。她說檢察體系現在多半是像她一樣的年輕人，不會有黨國遺緒的。我請她讀一讀彭光輝教授（郭瑤琪部長的先生）所寫的《走過風雨望青天：郭瑤琪冤判八年奇案》，詳述檢察官與法官在毫無具體事證之下，誘導轉為污點證人的當事人更改證詞筆錄，並據以對郭部長處以重刑，這和林益世受到的司法待遇有天壤之別，該如何解釋？她讀了之後回覆說：「照書裡所講的，檢察官起訴似乎是有瑕疵，我想在起訴書與判決書應該還有提出其他證據，或許書裡沒提到吧。」明明是濫權起訴，仍把信任票投給檢方、懷疑扁朝政務官的清白，這就是不折不扣的黨國遺緒，更可怕的是她還不自知。這幾天，另一個「對照組」案例又引來大家對黨國遺緒的注意，台北地院一位年輕女法官宣判馬英九洩密案無罪，她指出：馬英九雖然確有教唆洩密，但目的是為了阻卻立法院長王金平的不法，所以「以不法制止不法」，無罪。有些人並不是故意要當恐龍，但在學校或職場黨國教育中毒很深，譬如曾經被打著「自由主義」招牌的江宜樺、胡佛、林火旺等人教過，要較長的時間才能變換基因、產生抗體，年紀輕不見得就能免疫。

其實單只是陳水扁前總統的案件，從特偵組在阿扁卸任第二天上銬羈押、到台中監獄在他保外就醫期間對他設下條條「紅線」，就充分證明司法體系內的黨國陰魂未散。我們不需要舉出教唆僞證、恐嚇證人、小案併大案、違法換法官、違反「罪刑法定」等等指控，這些駭人聽聞的「程序不正義」是否出於黨國遺緒，仍待相關司法單位正式回應澄清。所謂見微知著，我們只用檢方在扁案過程中兩個看似無傷大雅的「小動作」，來看清他們的黨國靈魂：第一、二〇〇八年九月十五日，特偵組八名檢察官在全國人民面前一臉嚴肅、一字排開，誓言不辦出扁案就集體辭職。有什麼樣的深仇大恨，要以制裁嫌疑人爲自己職業生命的賭注？這些男男女女的檢察官有一點「無罪推定」的觀念嗎？第二、二〇〇九年一月九日，司法節慶祝大會，據《聯合報》報導：台北地檢署檢察官張安箴在舞台上，模仿阿扁被上銬收押時高舉雙手呼喊「司法迫害」，並加碼尖叫：「法警打人，我要到台大醫院驗傷。」引起台下司法人員哄堂大笑；導演是赴新加坡查扁家帳戶的慶啓人檢察官，她說：「舞台劇的演出，多少詮釋出檢察官的俠骨柔情。」有什麼樣的深仇大恨，要以嫌疑人爲戲謔羞辱的對象，還自稱是俠骨柔情？這些老老少少的檢察官有一點尊重人權的觀念嗎？

扁案以外，黨化司法的兩大地標就是：「辦綠」與「不辦藍」。先看「辦綠」，直到民進黨二度執政爲止，綠營受到司法嚴重迫害的官員「不及備載」，從郭瑤琪、吳澧培、邱義仁、高英茂、謝清志、郭清江、吳明敏、吳作樂、李界木、葉盛茂、黃志芳、蔡明憲、石守謙、蘇治芬、許添財、許陽明、彭百顯、張燦鍙、高植澎等等，這還不包括他們的同僚、部屬，及親朋好友連帶受到司法騷擾的個案；如果再加上綠營任命的國營事業高層人事，改朝換代後隨即陷入莫須有的官司，更是不能勝數。他們許多因此而無法正常求職與工作，年華虛耗在等待平反之中。這些案件所顯示的不外就是「寧可錯殺、不可錯放」，所以大部分到最後辦不下去、不了了之，而更可惡的則是被「判了再說」，成為政治冤案。

至於「不辦藍」，最耳熟能詳的是馬英九被控被訴的百餘案，在下台前不久被北檢前主任檢察官蔡碧玉予以全部簽結，最「霸氣」的是對外不必做任何說明；其次是上次大選國民黨被檢舉「搓圓仔湯」，總統候選人洪秀柱收錢走人，結果雙方稱錢有退還，「換柱事件」就火速簽結，為朱立倫排除替代參選的障礙；再者，立委選舉時，台北市國民黨參選人蔣萬安被檢舉在鄰里大會具名贈送抽獎禮品，價值超過規定上限數十倍，有錄影憑證，結果依然當選有效。再往前些，政務官「特別費」案鬧得沸沸揚揚之時，民進黨的呂副、游揆、陳唐山與李逸洋部長等都被傳喚偵訊，但級等相當的連戰、蕭萬長、吳伯雄與劉兆玄雖同樣被檢舉，不傳就是不傳。這些案件所顯示的不外就是「寧可錯放、不可錯殺」，不只如此，有些甚至是「明知故放」。難怪坊間盛傳，中國國民黨黨證是最有力的「辯護律師」或最值錢的「優待券」。

四、司法恐龍是不是「平庸的邪惡」？

蔡總統第一次提名司法院長時，謝文定被指是美麗島審判時的檢察官，引起反彈。蔡總統為謝緩頰說：「威權時期，大家不都是選擇服從嗎？」這句話令人想起漢娜．鄂蘭（Hannah Arendt）所創的「平庸的邪惡」（banality of evil）一詞。相對於權力頂端魔頭希特勒的「極致（radical）邪惡」，一般納粹軍人基於服從天職而濫殺無辜猶太人，只是一種平庸的為惡，一種讓人瞧不起的惡行。

但是「平庸的邪惡」並不是免責的理由，由幾個最著名的納粹戰犯審判的結果來看，以「服從命令」做為答辯的，沒有一個能逃脫刑罰。由一九四五年十一月二十日開始的「紐倫堡大審」，包括戈林元帥（Hermann Goering）、羅森堡（Alfred Rosenberg）在內的二十一名納粹文武高官，全部都以「服從命令」為由、無一認罪，但最後十一人絞刑、三人無期徒刑、四人十年到廿年不等，只有負責經濟設計與文宣的三人無罪。之後是一九六一年四月十一日的「耶路撒冷審判」，被以色列特工從阿根廷捕回的艾希曼（Adolf Eichmann）少校，人稱「最終處置方案設計師」，要為四七．五萬匈牙利猶太人的毒殺負責，在審訊中他侃侃而談：「我有彼拉多（Pilate）的感受，我覺得完全無辜，……『教皇』命令已下，要我遵行，這就是我一心謹記的。」另一個號稱「里昂屠夫」的巴比（Klaus Barbie）上校，被指控虐待並殺害被捕的法國反抗軍約一萬四千人，戰後潛逃到玻利維亞四十多年，一九八七年五月十一日引渡回法國受審，同樣理直氣壯不認罪，被判無期徒刑。

唯一的例外是所謂「奧許維茲（Auschwitz）的最後審判」，兩個高齡九十四歲的納粹小卒——集中營的簿記葛勒寧（Oscar Groening）與守衛漢寧（Reinhold Hanning）——分別於二〇一五年及二〇一六年因「協助謀殺罪」受審，反倒是這兩人在庭上並沒有聲稱自己只是一具龐大機器裡的一顆小螺絲釘，他們不只承認「在道德上有罪」，而且對曾經是「犯罪組織」的一員請求寬恕，對自己在納粹暴行中袖手旁觀表示羞愧；他們最後各被判刑四年與五年。常聽說「官大學問大」，其實很多時候只是大官比較懂得找藉口、鑽漏洞的學問，至於眞正做人的學間，就難說了。

在蘇聯解體的一九九〇年代，東德、波蘭、匈牙利等國家都曾推行不同名義的〈除垢法〉（Lustration Law），二〇一四年烏克蘭也起而傚尤，清洗舊政權司法界與執法單位的人員，沒有人以「平庸的邪惡」爲他們脫罪；我想原因就在於這些國家都曾經歷過納粹佔領統治，瞭解法西斯政權不論以納粹主義或共產主義的面貌出現，效忠這樣的政權就是罪惡，無可寬貸。

「平庸的邪惡」給我們什麼教訓?第一、每一個普通人都可能爲惡，但一個人不可能獨自造成極大的罪惡，唯若其他人坐視邪惡發生而不去制止、反倒順從協助，就可能釀成極大的禍害；也就是，一個「極致的邪惡」要靠許多「平庸的邪惡」幫襯，才能成爲大惡，所以平庸的邪惡不能免責免罰。扁案或郭案的法官與檢察官或許皆非大凶大惡之人，但其沒有擔當、只知服從威權，所作所爲足以扭曲司法正義、撕裂台灣社會，禍害不大嗎？第二、所以稱爲「平庸的邪惡」，正是因爲普通人都容易犯這種過錯，盲目跟隨領袖、一味服從權威，或者由於缺少警覺、或者本來就心存僥倖、或者認爲反正會有人做，以種種理由來正當化自己的不當，所以就像蔡總統對謝文定的感想，大家不都這樣嗎？也因此，司法做爲正義的最後一道防線，尤其過去這道防線早被蛀蝕淘空，就不能仰賴司法人員的良知良能、自律自愛，而必須要有一套內部與外部的制衡機制，讓他們像所有擁有公權力的人員一樣，不能爲所欲爲。

五、誰來制衡司法？

美國自開國以來，就實施三權分立的民主體制；這個設計的重點不在政府的權力分立，而在於分立才能彼此制衡，公權力雖三足鼎立，但若欠缺制衡，就會像開國元老麥迪遜（James Madison）所說：「就是暴政的定義。」一般人很容易瞭解行政與立法兩權間的制衡，在法案與預算上兩者站在對立面是常態；而司法部門制衡前二者也很理所當然，若立法者制定惡法或主政者實行惡法，獨立審判可做最後一道防線。然而，如果去問一個美國人：「行政與立法有司法來制衡，那誰來制衡司法呢？」他或許會指出，高階司法人事——如大法官及聯邦法官——需經行政提名與立法同意，讓司法不能唯我獨尊；此外，各州法官與檢察官約九〇%是民選產生，因此雖然行政首長與民意代表對無良法官沒輒，但可以用直接民意來淘汰。再來就是所謂的「陪審制」，刑事案件的被告得選擇由陪審團來做「判生判死」的有罪無罪裁決，此時專業法官只能根據有罪判決，做「判輕判重」的罰則，所以幾乎沒有「自由心證」的餘地，而對陪審團做出的判決，檢察官一般不得上訴，也限制了他們的操作空間。總而言之，美國的司法體系雖然也似乎高高在上，一旦通過任命就超然於行政與立法的約束，但其實司法深受人民直接的制衡與素人審判的競爭，兩百多年來，從未有被總統操縱或政黨擄獲的可恥記錄。

美國能，台灣能嗎？答案再明顯不過。台灣過去據說是實施〈中華民國憲法〉，司法應該獨立於行政、而且要監督行政，但蔣介石沒有自己兼任司法院長就算客氣了，誰能監督他？不要說監督、連批評一兩句都沒有好下場！至於司法官民選與「陪審制」，當然也沒有人敢提出，任何有「防腐」作用的政策建議，都是有意要和英明領袖唱反調，所以台灣司法就成了黨國禁臠。那是以往，現在呢？答案還是一樣：強人雖死，中國國民黨未亡，尤其在食物鍊頂層的司法圈，怎能期待黨國餘孽棄守最堅強堡壘？只是現在換黨執政，司法一改聽命行事作風、反過來挑戰行政權。

二〇一六年十一月二十五日，蔡總統在「司改國是會議」第一次籌備委員會上致詞時，「不小心」順口說出：「期許司法不要再發生有錢判生、無錢判死的情況。」這句話語帶勉勵，希望司法自律。不料一星期後，「中華民國法官協會」發表一封公開信：「上述演說內容不僅斲傷司法尊嚴，更無疑是百分之百的政治語言。……在台灣，政治人物慣於使用政治語言來掩飾施政績效不彰。」對蔡總統酸言回敬、不假辭色。至於司法院長需經總統提名，是否代表行政仍有制衡司法的功能，只要想想許宗力院長就任後對法官利益的「全力以赴」，就死心了。

六、立法權對司法的制衡

不能奢望司法自律、也不必冀望行政權制衡司法，好在還有立法權在某些法案上或許能發揮制衡功能。具體而言，有關司法權的法律規章雖然是由司法院起草訂定，但仍需經立法通過實施。所以立法院做爲司法改制的把關，有其一定的重要性。眼前有兩項有關司法體制的法律，值得立法部門發揮制衡功能：第一、司法院將在今年底（二〇一七）擬定〈人民參審法〉送立法院審議，這是體制內保守勢力在「司改國是會議」上用來抗拒「陪審制」的「山寨版」改革方案，應該打回票；第二、現行的〈法官法〉除了容許法官的退休待遇「能撈就撈」外，一個更嚴重的「放水」是容許法官的專業表現「能混就混」；在該法第三〇條與四九條明訂：「適用法律的見解，不得為法官（或檢察官）評鑑及懲戒之事由。」但法官就是靠其法律見解吃飯，人民是靠法官的法律見解獲得司法正義，法官的法律見解若不能拿來評斷其專業程度與職務表現，並據以獎善懲惡，難道要檢視他的政治見解或他的身高體重？當然，有時法官也會有無心之失、主張了不當的法律見解，我們認為只要事後有所補救，就不必給予過分的懲戒；但若是將法律見解的正誤完全排除在評鑑與懲戒之外，豈不是縱容輕忽失職、甚至包庇蓄意枉法？這與其他專業人士應該放在同一個天秤來看：一個醫師若醫療見解有誤、一位技師若工程見解有誤、一個將領若軍事見解有誤，導致他人生命財產的損失，不論是無心或有意，都難免要受評鑑與懲戒，獨獨法官或檢察官不必為其法律見解負責，法官袍是金鐘罩？再誇張一點說，一位老師如果堅持體罰是最好的教育方式，把小學生打個半死，能因為這是他的教育見解而免責嗎？前監委陶百川三十多年前就指出：「假定公懲會認為法官的法律見解有錯誤，但這是見解問題，因而不予懲戒，我相信這是不對的。」（〈彈劾法官的自我節制〉，《政治緊箍咒》，一九八〇年）。

其實「法律見解」除罪化，正是「自由心證」得以橫行無阻的主因，而自由心證的濫用，正是司法崩盤的主因。舉最近的幾個例子來看，惡檢察官與惡法官最懂得把這一道「免死金牌」的效力發揮到淋漓盡致：

首先，二〇〇七年，法官蔡守訓審判馬英九「特別費案」，以「宋朝公使錢」對照「特別費」，再接受辯護律師陳長文的「大水庫理論」，認爲鈔票沒有記名，難以判斷公款私用，所以判馬無罪。但當二〇〇九年阿扁的「國務機要費案」援引這兩項獨到的見解，則被蔡守訓以「性質不同」駁回。把「法律見解」操弄成「見人說人話、見鬼說鬼話」，因爲不必擔心有人追究哪裡不同。

其次，二〇一三年，由「綠色逗陣」發動的「破繭/檢行動」集結扁朝政務官集體控告濫權起訴的多位檢察官，結果法院卻認定被濫權起訴的當事人不是「受害者」，被判敗訴，因爲「濫權起訴罪係侵害國家審判權之犯罪」，所以受害人是「國家」。這種荒唐的法律見解，把人民依法對付惡檢的唯一武器沒收，明目張膽地官官相護。

最近的一例發生在郭瑤琪案，「法律見解」的濫用到達了匪夷所思的地步：郭案被法院重判定讞之後，於二〇一四年一月二十九日及二〇一六年九月三十日兩度聲請檢察總長顏大和提「非常上訴」，都被草率駁回，第二次更在申請後十天即打回票，大意是：所請「皆與非常上訴審以統一法令適用之本旨不合，非屬非常上訴之法定理由，自難以提起非常上訴」。不料半年之後，監察院的二位委員突然發現郭案判決不妥，提案要顏大和考慮非常上訴，不出幾日，最高檢在二〇一七年五月二十四日的新聞稿表示從善如流、提出非常上訴；最令人哭笑不得的是出現這樣的解釋：「統一適用法令，是指涉及法律見解具有原則上之重要性，亦即所涉及之法律問題意義重大而有加以闡釋之必要；本件非常上訴的提起，就是依照這個意旨。……法院實務判決遇案不同，言人人殊，莫衷一是，這涉及法律見解具有原則上之重要性，自有加以闡釋釐清之急切，因此提起非常上訴，期能一槌定音、永矢咸遵。」郭案律師提請非常上訴被駁回，因爲本案不屬「統一法令適用的意旨」；監委提請非常上訴立時接受，因爲本案屬於「統一法令適用的意旨」，檢察總長對同一案的法律見解在半年內轉個「髮夾彎」，建議顏大和自請處分應不爲過吧。

所以〈法官法〉儼然成了「法官/檢察官保護法」，立法院若能把「法律見解」與「自由心證」加以適切規範，就是發揮最大效果的權力制衡。

七、監察權對司法的制衡

西方民主政治採行政、立法、司法「三權分立」，分別主管政府與人民之間的三個權力運作界面，政府要依法來治理人民，首先當然要「有」法，其次要「執」法，最後是「釋」法，立法的功能在有法、行政的意義在執法、司法的目的在釋法，所以這三權足以周全涵蓋政府的權力運作。孫中山的〈五權憲法〉多了考試與監察兩權，從邏輯上來說，有畫蛇添足之嫌：考試權主管公務員的考詮任用，與其他三權並列確是天大的笑話；就像一間公司有研發製造、行銷市場、財務管理等三大部門之外，沒有人會把人力招募單位也擺一位CEO，與其他部門主管平起平坐，因爲這根本無涉公司的主要業務，視需要臨時設置一個辦公室就可以了。

很多人原本以爲監察權也不比考試權「高明」多少，因爲同樣是爲了公務體系內部的人事管理而設，與其他三權的層次相去甚遠，這個「成見」在西方民主國家是正確的，在台灣——尤其是在現在的台灣——則有商榷的餘地。差異就在於成熟民主國家的司法體制設計具有獨立與自律的特質，外部制衡的不足比較沒有致命的危機。但台灣的司法現況已如前述，黨國遺緒與恐龍司法一日不除，社會正義就無法伸張；復以司法自律與行政制衡難以期待，而立法制衡也只能被動地在法制層面「補破網」，不能對不肖司法官員「大掃除」，所以要「除惡務盡」總是力有未逮。

就在這樣看似「山窮水盡」的狀況下，監察權赫然提供了「柳暗花明」的曙光，因爲監察權整飭官箴的功能，正是台灣司法痼疾的「三年之艾」。〈憲法〉第99條明確指示，監察院處理司法院各級人員的失職枉法，適用〈憲法〉賦與的糾正、糾舉與彈劾權，與處理一般無良公務員並無二致。這樣一來，監察權真正的發揮，不在乎打到的是蒼蠅還是老虎，而在於打到的是恐龍。也就是說，其他的制衡機制所無法觸及的司法「死角」，靠著監察權終能突破。監察權的意義由政府內部人事管理，陡然提升到政府權力制衡機制，孫中山的創見當然也進到了嶄新的境界。

八、監察院應有的配套改造

孫中山設下監察權制衡司法的伏筆，但徒法不足以自行，要眞正行使這個有意無意被長期冷凍的功能，監察院本身在體制上需要立即進行一些改造，才不至於空有尙方寶劍卻被綁手綁腳、揮灑不開。我們認爲目前最急迫的改造方向有以下四件：

一、監察院內先成立一個「轉型正義眞相與平反委員會」，針對以往高度政治性的司法案件主動優先進行調查，可越過「輪値委員」依序分案處理的常規，以儘速重建司法公信。

二、上列案件之審查結案，應採記名投票方式，並公布討論過程，以符合公開透明之問責原理。其實目前立法院院會已採記名表決、部分法庭則採辯論直播，都是開明進步的改革措施，監察院沒有理由延續集權時期的黑箱手法，以矇蔽大眾爲能事。

三、改組監察院設置之「諮詢委員會」，汰除目前過半之深藍人士，如胡佛、高希均、張臨徵、陳長文、吳清基、古登美、李念祖、趙榮耀等，以免陷於「請鬼開藥單」，才能協助監委發揮司法除弊功能。

四、自二〇一二年司法院「職務法庭」取代原「公務員懲戒委員會」，職司審理監院移送之失職違法司法官員，但職務法庭成員全部係法官組成，由司法院長任命，對恐龍法官勢難避免官官相護、從輕發落之疑慮。前監委陶百川在一篇名為「為監察制度試籌補強之道」的文章（收錄在《台灣要更好》，一九七七年），認為台灣可由總統、監察院、司法院各推派三人組成「懲戒委員會」，做為懲戒司法官員的裁判，以免完全由自己人審自己人，並架空監察權對司法的制衡效力。設若不願做大幅度改變，則眞有「放水」情事發生時，監察院應不避憲政爭議，進一步對該法庭、甚至再上層的大法官釋憲會議，研擬糾彈權之行使，以維設置監察權之最終用意。

九、結論：期待監察權的退場

有人說：「法律的存在，是為了創造一個用不著法律的社會。」對照今日的世界，這當然有點過於理想；每個國家的法律似乎都越訂越繁，法律產業卻越來越旺；人性本貪，不會因為守法久了就洗面革心，再也沒有貪念。但當我們說「監察委員的存在，是為了創造一個用不著有監察委員的社會；監察權的存在，是爲了創造一個用不著有監察權的社會」時，我們毋寧是有理由樂觀的，因爲我們面對的問題乃是把黨國遺毒由司法界逐出，不是要改變普遍人性；在中國國民黨已經被大多數有自主意識的台灣人民所唾棄的今天，只要主政者能眞心體會民間對司改的殷切期盼，一個眞正獨立自主的司法，應該不能說是強人所難吧！一個不再需要監察權的三權社會，應該不能說是痴人說夢吧！

二〇一七年九月九日

從「黨國不分」到「黨庫國庫不分」

國民黨不敢否認取之於台灣，但自認取之有道：其中黨務發展基金是「募集而來」、土地房產是「買賣而來」、黨營事業是「投資而來」。堂堂一個政黨卻像極了奸商的口吻，所有財產都說是賺來的，就是不肯承認來源不公不義。

一九四五年，國民政府應盟軍統帥麥克阿瑟將軍之命接收台灣，照說與中國國民黨並不相干，但當初在台北的受降典禮上有一個不速之客，就是中國國民黨台灣省黨部主任委員李翼中。這是一個不祥之兆，預示國民政府遷台之時，一個法西斯政黨如影隨形而來，更可怕的是，他一開始就明目張膽地站在台上，讓人民產生「黨國不分」的錯覺，再用黨旗做國旗、黨歌做國歌、黨軍做國軍、總裁做總統，進一步強化爲「黨即是國」的刻板印象。此所以在蔣家政權來台的半世紀，數不清的官方文獻公然顯示政府機關對中國國民黨的唯命是從。

這個現象在國民政府初來時最爲嚴重，例如行政長官公署統計室一九四六年編印的《台灣省統計要覽》中，在「接收後本省宣傳業務概況」一欄，就有十件「新聞紙什誌登記案」註記有：「本署核准、送省黨部徵求同意中。」長官公署的行政權還低於國民黨的省黨部，是典型的以黨干政。再如財政部在一九五二年三月編印的《財政金融資料輯要》中，在全部九大類法規之前，都列出若干「政策綱領」爲立法依據，但一半以上的綱領若不是「節錄總裁訓示」、就是出自「中國國民黨第X次全國代表大會決議文」或「節錄X屆X中全會決定」等。好不容易見到一則印有「第三次全國財政會議」字樣，卻又附加上「遵照八中全會決議案」而來，都是擺明以黨領政。

中國國民黨肆無忌憚在政府背後下指導棋的作風，多年後依舊如此，譬如一九五四年一月行政院祕書長黃少谷發函轄下「有關首長」，包括當時台灣經濟重建的最關鍵機構「美援運用委員會」，要求參照中國國民黨

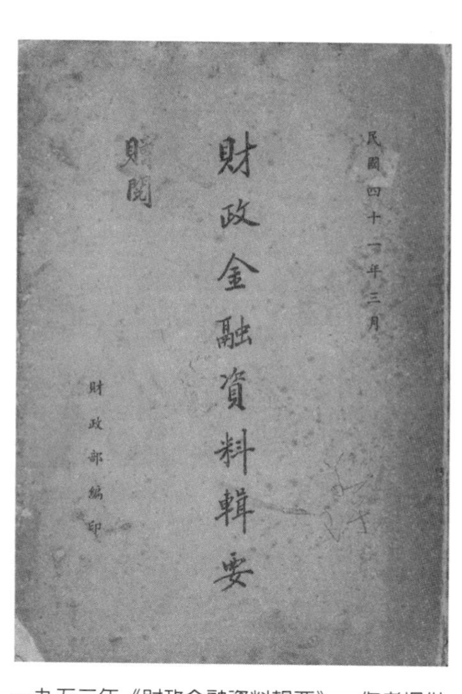

一九五二年《財政金融資料輯要》，作者提供

中央委員會轉送的「黨員社會調查報告」辦理，這份報告開宗明義表達對政府各機關的不滿，因爲「邇來各機關多以外籍顧問之意志爲意志」；也就是說，美國給我們美援是多多益善的，但如何使用美援，則要由國民黨中央來主導，行政院與各級機關不要聽外籍顧問的意見，要以國民黨的意志爲意志才可以。

不過，以上由「黨國不分」到「黨即是國」，只是國民黨在台灣專制統治的一小步，更厲害的是由「黨庫國庫不分」到「國庫即是黨庫」，以私通手段來歛財，這才是構築萬年統治基礎的一大步。

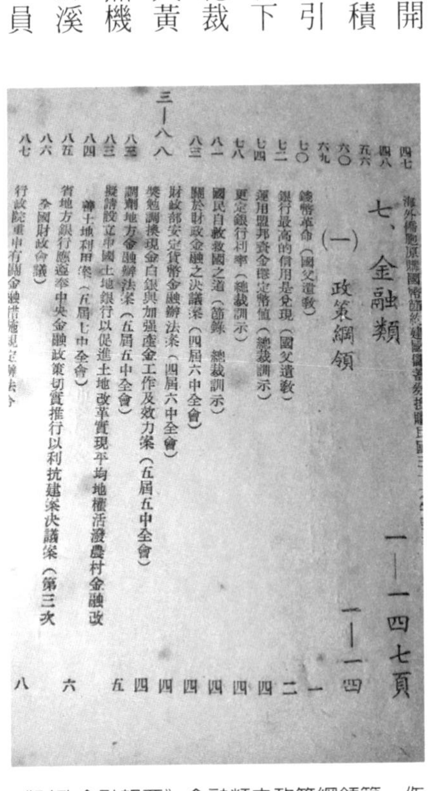
七、金融類 一—一四七頁
(一) 政策綱領 一—一四
錢幣革命（國父遺教）
銀行最高的信用是兌現（國父遺教）
運用盟邦資金穩定幣值（總裁訓示）
更定銀行利率（總裁訓示）
國民自救救國之道（節錄 總裁訓示）
關於財政金融之決議案（四屆六中全會）
財政部安定貨幣金融辦法案（四屆六中全會）
獎勉調換現金白銀與加強產金工作及效力案（五屆五中全會）
調劑地方金融辦法案（五屆五中全會）
擬請設立中國土地銀行以促進土地改革實現平均地權活潑農村金融改
善土地利用案（五屆七中全會）
省地方銀行應遵奉中央金融政策切實推行以利抗建案決議案（第三次全國財政會議）

《財政金融輯要》金融類之政策綱領篇，作者提供

從國共內戰情勢不利開始，中國國民黨就已經處心積慮要私接黨庫與國庫之間的引流管。始作俑者就是蔣介石下野期間用來發號施令的「總裁辦公室」。根據坊間一本《黃金往事》的記載，這個「黑機關」一開始設在總裁故鄉溪口、後來又搬到台北草山，員

額近百人，雖然不是編制內，沒有政府薪水可拿，可是一有需要就找聯勤總部財務署「照撥」；而且至少曾得到軍統局長毛人鳳的四萬銀圓及財務署吳崇慶署長以「軍費節餘」的十六萬美金相贈。另外最大的一筆是在當年兵荒馬亂中，國庫帳外莫名其妙多出的九萬兩黃金，在一九四九年蔣介石引退後送到總裁辦公室，名義上做爲三軍「獎恤金」，其實是總裁「小金庫」，讓總裁比總統李宗仁更闊綽；譬如原任官邸侍衛團團長的王惕吾，一九四九年九月領到其中二千兩黃金及數千萬美元外匯，部分用來進口印刷機與紙張，創辦了《聯合報》的前身《民族報》；後來老闆成了國民黨中常委，而報紙竟成了父死女繼的私人產業。目前民進黨政府在清理不當黨產，其實《聯合報》當初的「第一桶金」也是來自國庫，該報應是不折不扣的「國民黨喉舌」或「附隨組織」，其資產也是貨眞價實的「不當黨產」。

國民黨在其二〇〇六年八月「中國國民黨黨產總說明」中，驕傲地宣告有一筆面額二四一六萬美元的美金公債，是「自大陸攜來台灣」，現值新台幣六億餘。但由於這些國民政府遷台之前所發行的公債，都要等到「反攻大陸」之後才能要求償兌，以目前「進度」而言，恐怕到國民黨宣布倒閉也等不到，所以國民黨可說是「偷雞不成蝕把米」，活該。有關這筆公債的「輝煌歷史」我們在另文再詳述。可笑的是，這是國民黨自行招認的二七七億總資產中，唯一有「中國出生證」的一筆。既然其他絕大部分的黨產不是「自大陸攜來台灣」，那麼由何而來？國民黨不敢否認取之於台灣，但自認取之有道：其中黨務發展基金是

「募集而來」、土地房產是「買賣而來」、黨營事業是「投資而來」。堂堂一個政黨卻像極了奸商的口吻，所有財產都說是自己努力賺來的，就是不肯承認來源不公不義，所以以下我們必須好好分析國民黨在台灣就地取「財」的手法。

中國國民黨初到台灣，人生地不熟如何賺錢呢？

第一步是自行立法，以取得「合法性」與「正當性」。一九四六年九月來台接收時，行政院立即公布〈台灣省接收日人財產處理辦法〉，第二條第一款就明訂：「日人的公私財產……經指定機關接受者，由日產處理委員會會同該接收機關處理運用。」神奇的是，指定接收機關沒有任何條件限制，只要行政長官公署報請行政院核定就算。果不其然，在前引《台灣省統計要覽》裡，同年七月的「台灣省行政長官公署指定機關接收日產起數」一表中，「台灣省黨部」先已毫不客氣地列在接收機關的第一位，比中央通訊社、台灣大學，以及長官公署所屬各局處室等等都優先。就是靠這個「指定接收」，國民黨「合法」笑納百餘筆精華區「國有特種房地」，其中最令人津津樂道的是遍及全台的十九家戲院，由行政長官公署撥歸國民黨中央財委會；其實財委會主委就是行政院長、副主委為財政部長，都是行政長官公署的頂頭上司，所以這樣的「指定」不只是「左手給右手」、還是「下手給上手」。

更可笑的是，事後財委會還很有禮貌地致函行政院：「本省黨費所需甚鉅，經一再向陳（儀）長官洽商，現已允將接收日人公私產業項下所有電影戲院撥歸本會經營……台灣全省黨費已可自給……。」這封信等於是行政院長函謝自己，連郵票都可以省下。不出意料之外的，前述那一位台灣省黨部主委李翼中也有樣學樣，公然行文給台北市政府，要求撥給他轄下的台北市黨部「必需之房地產業與工礦農田」，眞是「上樑不正下樑歪」的最佳詮釋。

該黨僅憑一紙命令，就將國庫財產私呑，並大言不慚「已可自給」，其實所謂「自給」，不是「自己供給自己」，而是「自己送給自己」；但更可惡的是，明明宣稱「已可自給」了，國民黨並沒有就此滿足，仍然繼續強取豪奪全民財產。證諸二〇〇一年四月二日「監察院財經及內政兩委員會第三屆第四十一次聯席會議」的決議可知，自一九五八年至一九八八年間，各級政府將其管有之公有土地及建物，陸續贈與或轉帳撥歸中國國民黨及救國團，明確有案可查者有百餘筆、無案可查或賤價購得者更不計其數，可見所謂「募集」、「買賣」、「投資」，其實都是「國庫黨庫不分」的同義字。

對不勞而獲的不義之財，國民黨不可能知足，所以在「合法」取得不動產之餘，覺得還需要有其他流動資金的來源，以塡飽越來越大的胃口。一般民主國家的政黨是靠黨員繳費或捐輸來維持運作所需，但國民黨的黨員不外乎逃難而來的殘兵遊勇與基層公教，收入「生吃」尚且不夠，那來閒錢「曝乾」繳黨費？於是國民黨就像章回小說中的「惡向膽邊生」，一不做二不休，乾脆靠國庫直接以現金補助、獎助自己。我們可以舉三個經典範例，看看國民黨如何「募集」黨產。

第一，一九五八年《自由中國》有一篇社論：〈從滿街蘋果談到外匯管制的弊端〉。當時由於外匯短缺，官定匯率雖是一美元兌二四．七八元新台幣，蘋果之類的管制進口品卻必須申購「特種外匯」，亦即一美元兌六十至八十元新台幣，這種規定是合理的；但離譜的是，不但申請進口蘋果的貿易商僅限國民黨籍，而且經該黨中央財委會核准才能買匯。在國民黨一貫作業之下，匯兌差價全歸財委會所有。所以僅蘋果進口一項，一年為該黨賺取二千萬現金，估計是現在幣值的五十億以上。

第二，蔣宋美齡於一九五〇年成立「中華婦女反共抗俄聯合會」，幹部由三軍將領夫人組成，和救國團一樣，是國民黨的「附隨組織」，也就是比「外圍組織」更寄生蟲似的團體。一九五五年，蔣宋美齡也把歪腦筋動到匯兌業務上，規定進出口貿易每結匯一美元就必須繳納台幣五角「勞軍捐」，以當時軍事情勢緊張，這種規定勉強可以接受；但離譜的是，勞軍捐不是繳給國防部、而是繳給婦聯會。直至一九八九年爲止，婦聯會在三十多年間就收到九六九億元，但婦聯會至今拒絕向主管人民團體的內政部交待資金去向與資產負債。

第三，一九六〇年《自由中國》有另一篇社論：〈國庫不是國民黨的私囊〉，贊同民社黨拒受「反共抗俄宣傳費」，痛斥國民黨仍厚顏照領不誤。這件事緣自一九四九年中國民主社會黨與中國青年黨隨中國國民黨遷台，成爲台灣僅存能公開活動的兩個在野黨，但在一黨獨大的環境中，經營困難可以想見。國民黨趁機在台灣省政府社會處的年度預算下，爲三個政黨編列一筆「反共抗俄宣傳費」，表面上是好心補貼這兩個「花瓶黨」，其實自己才是領最多的受益者。到一九六〇年五月，民社黨不願再被利用，發表書面聲明拒絕再向國庫支領該筆宣傳費，〈省議會公報〉記載，省議員鄭宋柳與李秋遠據此連續兩年在議會質詢時，要求國民黨見賢思齊、刪除預算編列，不料社會處長傅雲卻回答：「每年照數編列，……領取與否，這是他們的事。」

至於其他林林總總的「募集」招式，都很有「創意」，但也都有「犯意」；張人傑教授的〈黨產的定位與評價——幾個案例的適法性探討〉（《戰後檔案與歷史研究學術討論會》，國史館，二〇〇七年），曾就十五個黨產取得的實際案例爲分析，包括各級地方政府編列「公務預算」給近四百處「民眾服務站」；鐵路黨部佔用車站公產營利；源自日產的省屬「學產基金」例行性補助「知青黨部」；財政部開徵影劇歌舞場所「隨票附勸大陸救濟捐」補貼黨職人員掌控的「中國大陸災胞救濟總會」；教育部開徵「收音機執照費」挹注中廣公司；外交部及僑委會補助海外黨部、行政院與立法院補助「革命實踐研究院」；各政府單位編列「大陸工作協款」，每年委託陸工會、海工會辦理對大陸與海外的「心戰、政戰、宣傳、訓練」工作；各級政府編列預算補助化身「人民團體」的黨部及外圍組織，如婦工會的「婦女之家」、社工會的「民眾活動中心」、救國團的「青年服務社」、軍友社的「國軍英雄館」等等。該文結論是：「各類型黨產和利益……其取得的程序和條件，幾乎都有明顯的法律瑕疵和問題。」該文並引述不同法律與財經學者對黨產取得的法律見解，有人指出「涉及白領犯罪與經濟犯罪」，有人認爲「類似〈刑法〉上的背信罪」，還有人表示：「權力濫用，……損害第三者之自由與財產權」等，簡直是對犯罪組織的起訴罪狀，但國民黨一貫自稱黨產來自「募集」，一副無賴模樣。

除此之外，國民黨喜好以執政黨的身分藉政策圖利自己，明顯遊走於灰色地帶：最可議的就是每逢金融市場解除管制、開放業務時，總是黨營事業拔得頭籌、取得獨寡佔地位。譬如一九五九年的中華開發信託，是當時唯一的中長期貸款機構，舉凡美援相對基金、中美經社發展基金、中央銀行與經合會的轉貸或特別帳戶貸款，都是由該公司包辦。一九六二年成立的證券交易所、一九六八年的中央再保公司、一九八〇年的復華證券金融公司等，都是黨營獨佔事業；而一九六二年中央產物保險公司，在「國防機密」的大帽子下，包攬國防部及國軍各軍種的水險、火險、產險、運輸險、眷宅險、軍車第三人意外險等等，是特權壟斷。再者，一九七一年的中聯信託、一九七六年的中興票券與中華票券、一九八六年的中華、光華兩家基金公司，都是黨營寡佔事業。甚至一九九〇年開放民營商業銀行時，時任財政部長的王建煊居然以「不宜公布評分」的荒誕說辭，爲申辦過程發生重大瑕疵的黨營大華銀行保障一席。

另外，國民黨利用執政特權，屢次向央行申辦長期、無息、「自我擔保」的無擔保貸款，在一九六〇年代是以「對匪鬥爭周轉需要」爲透支理由，在一九七〇年代以後就以「敵後策反工作」爲由，最高額一筆八千萬，自一九六五年貸放直到一九八二年才還清；至於其他黨營事業獲得公營行庫優利貸款，也不計其數。金融版圖之外，其他在石化、天然氣、公共工程、軍品採購、限制進口品、特許外銷品等非完全競爭市場上，處處可見國民黨操弄市場進入障礙、掩護黨營事業的痕跡。

凡此種種，都是「黨庫國庫不分」的實踐，也就是國民黨從赤貧到鉅富的祕辛。這樣一個不知廉恥爲何物的政黨，唯一的歸宿就是歷史的垃圾場。

二〇一六年十一月八日

為中國國民黨的「美金公債」解盲

邱大展掌櫃想是要魚目混珠，把國民黨手中的「美金公債」冒充是這筆「黃金公債」，再藉著這幾十年來黃金價格由每兩三十五美元漲到今天的一千二百美元左右，讓「麻雀變鳳凰」，把國民黨對中華民國的「貢獻」大幅灌水。

日昨，國民黨的邱大展掌櫃自稱在該黨交付信託的黨產中，發現一大票國民政府來台之前發行的「美金公債」，他指出，這筆公債雖然一向都列在國民黨的財產清冊中，但過去錯估價值為六億餘元而已，據他重估，數額高達三八五億餘元。他又表示，儘管〈兩岸人民關係條例〉已明訂，一九四九年以前的政府公債必須等國家統一才會清償，但他要強調這筆美金公債是國民黨對國家的貢獻，「不當黨產處理委員會」應該要正視。

事實如何呢？

在一九四七年三月二十八日，國民政府為了籌措國共內戰的軍費以及平抑通貨膨脹，頒布了一個〈民國三十六年美金公債條例〉，分兩期共發行一億美元，購買不限幣別、但以美金償付本息，還本期限定爲十年。由於這批公債是以美金市價五分之一的官價賣出，買到就賺到，所以一定十分搶手。但根據帕庫拉（Hannah Pakula）在《末代皇太后》一書的記載，有外媒《報導者》（*Reporter*）指出，單只宋子文、孔祥熙與太太宋靄齡，就吃下了約七千五百萬美元。

以孔宋家族善於發國難財而觀，他們搶進並不令人意外，這兩個蔣朝權貴都曾擔任過中央銀行總裁、財政部長、行政院院長，掌控全中國的財金權力，是中國政治史上「內舉不避親」的極致。但蔣經國就曾批評孔祥熙和宋子文是「大資產階級」，宋靄齡更是上海匯市有名的「內線做手」，傅斯年也曾在「國民參政會」上炮轟孔祥熙「貪污舞弊」，胡適則在日記中批評宋子文是「自私自利的小人」，所以他們在當年利用債券投機，不是新聞。

但除了他們，其他投機者又是何方神聖？答案竟然就是與我們常相左右半世紀的中國國民黨。該黨最早在二〇〇六年八月二十四日對外公布一份「中國國民黨黨產總說明」，驕傲地宣告有一筆本息面額近二四一六萬美元的美金公債，是「自大陸攜來台灣」，自稱約折合六億台幣。這次邱大展手持的公債複製照片上，可以清楚看到「民國三十六年第二期美金公債」等字眼，證明確實就是同一筆。

有些人質疑當初國民黨買這筆公債的本錢從何而來，我們覺得這與台灣人關係不大，或

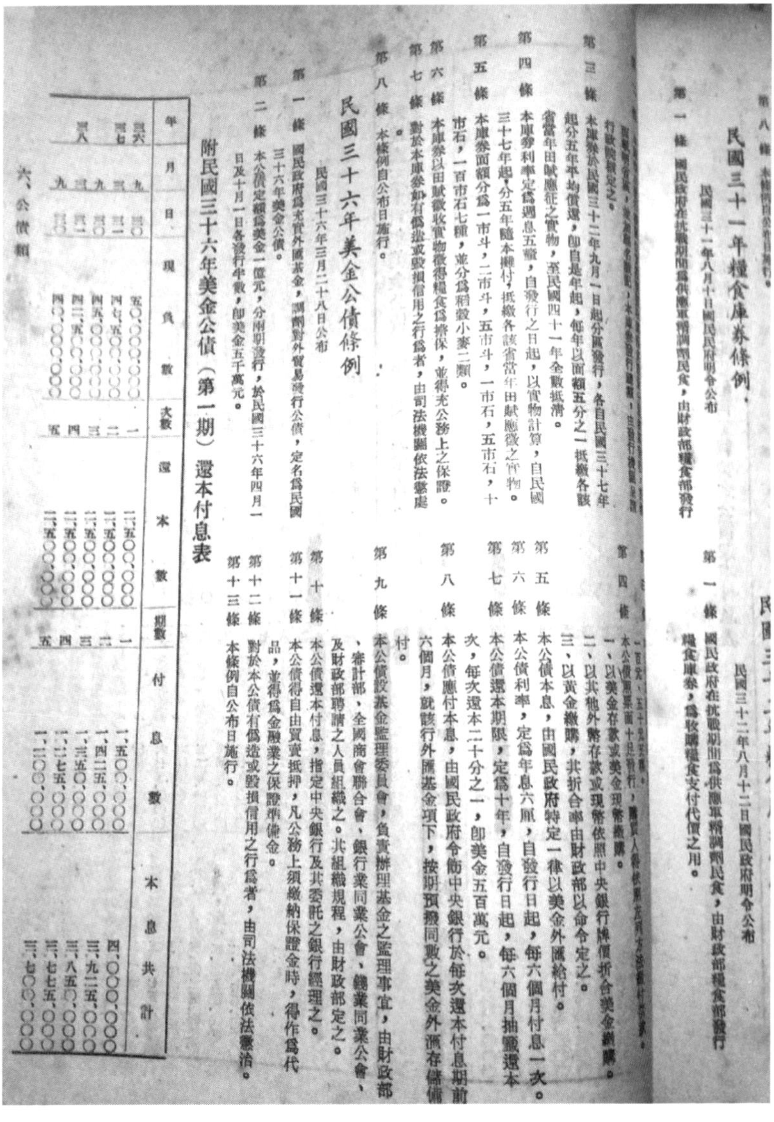

第八條 本條例自公布日施行。

民國三十一年糧食庫券條例

民國三十一年八月十日國民政府明令公布

第一條 國民政府在抗戰期間為供應軍糧調劑民食，由財政部糧食部發行

[illegible]

行政院規定之。

第三條 本庫券於民國三十二年九月一日起分區發行，各自民國三十七年起分五年平均償還，即自是年起，每年以面額五分之一抵繳各該省當年田賦應征之實物，至民國四十一年全數抵清。

第四條 本庫券利率定為週息五釐，自發行之日起，以實物計算，自民國三十七年起，分五年隨本攤付，抵繳各該省當年田賦應徵之實物。

第五條 本庫券面額分為一市斗，二市斗，五市斗，一市石，五市石，十市石，一百市石七種，並分為稻穀小麥二類。

第六條 本庫券以田賦徵收實物為擔保，並得充公務上之保證。

第七條 對於本庫券如有偽造或毀損信用之行為者，由司法機關依法懲處。

第八條 本條例自公布日施行。

民國三十六年美金公債條例

民國三十六年三月二十八日公布

第一條 國民政府為充實外匯基金，調劑對外貿易發行公債，定名為民國三十六年美金公債。

第二條 本公債定額為美金一億元，分兩期發行，於民國三十六年四月一日及十月一日各發行半數，即美金五千萬元。

附民國三十六年美金公債（第一期）還本付息表

年	月	日	現負數	次數	還本數	期數	付息數	本息共計
三六	九	三〇	五〇,〇〇〇,〇〇〇	一	二,五〇〇,〇〇〇	一	一,五〇〇,〇〇〇	四,〇〇〇,〇〇〇
三七	三	三一	四七,五〇〇,〇〇〇	二	二,五〇〇,〇〇〇	二	一,四二五,〇〇〇	三,九二五,〇〇〇
	九	三〇	四五,〇〇〇,〇〇〇	三	二,五〇〇,〇〇〇	三	一,三五〇,〇〇〇	三,八五〇,〇〇〇
三八	三	三一	四二,五〇〇,〇〇〇	四	二,五〇〇,〇〇〇	四	一,二七五,〇〇〇	三,七七五,〇〇〇
	九	三〇	四〇,〇〇〇,〇〇〇	五	二,五〇〇,〇〇〇	五	一,二〇〇,〇〇〇	三,七〇〇,〇〇〇

六、公債類

民國三十二年八月十二日國民政府明令公布

第一條 國民政府在抗戰期間為供應軍糧調劑民食，由財政部糧食部發行糧食庫券，為收購糧食支付代價之用。

[illegible]

第四條 本公債票面 [illegible] 一百元、五十元 [illegible]

一、以美金存款或美金現幣繳購。

二、以其他外幣存款或現幣依照中央銀行牌價折合美金繳購。

三、以黃金繳購，其折合率由財政部以命令定之。

第五條 本公債本息，由國民政府特定一律以美金外匯給付。

第六條 本公債利率，定為年息六釐，自發行日起，每六個月付息一次。

第七條 本公債還本期限，定為十年，自發行日起，每六個月抽籤還本一次，每次還本二十分之一，即美金五百萬元。

第八條 本公債應付本息，由國民政府令飭中央銀行於每次還本付息期前六個月，就該行外匯基金項下，按期預撥同數之美金外匯存儲備付。

第九條 本公債設基金監理委員會，負責辦理基金之監理事宜，由財政部、審計部、全國商會聯合會、銀行業同業公會、錢業同業公會、及財政部聘請之人員組織之。其組織規程，由財政部定之。

第十條 本公債還本付息，指定中央銀行及其委託之銀行經理之。

第十一條 本公債得自由買賣抵押，凡公務上須繳納保證金時，得作為代品，並得為金融業之保證準備金。

第十二條 對於本公債有偽造或毀損信用之行為者，由司法機關依法懲治。

第十三條 本條例自公布日施行。

〈民國三十六年美金公債條例〉，作者提供

許等「兩岸統一」之後，「大陸同胞」可以向國民黨討教。我們好奇的是：國民黨這筆美金公債何以能逃過「金圓券」之災，安然攜來台灣？

話說一九四八年八月十九日蔣介石頒布了一份〈財政經濟緊急處分令〉，以〈金圓券發行法〉及〈人民所有金銀外幣處理辦法〉，強制民間把金銀外幣資產盡繳國庫，換回新通貨「金圓券」，這就是惡名昭彰的「金圓券」幣制改革。就像元朝忽必烈汗強迫漢人以金銀換紙幣一樣，這種做法背後眞正的用意都在「維護政權」，因爲紙幣與發行者同命，人在幣在，人亡幣亡，人民若捨不得手中的鈔票變壁紙，就不能讓既存政權被推翻，所以蔣介石想用這一招挽回岌岌可危的國民政府。但明眼人對金圓券這個「戰爭嬰兒」從開始就不看好，尤其是有錢人早一步聽到風聲，轉移資產，金圓券兌換率極低。面對大筆付也付不完的軍費與管也管不住的物價，不到三個月政府就將自己訂定的「發行限額」取消，改爲無限發行，央行成了印鈔機來應付一瀉千里的財政赤字，財政部長王雲五與行政院長翁文灝相繼辭職避責。一九四九年六月，金圓券果眞因過度發行而崩潰，爲期不到一年，成了史上最短命的貨幣之一。

絕大多數的老實平民——包括我阿公——交出黃金外幣換回金圓券，這一來都血本無歸、求償無門；照理說，國民黨手中的那批美金公債應該也難以倖免才對，怎麼在蔣介石的日記或黨國財經大老的文獻中，都一字不提，好像事不關己？

原來上面那個〈人民所有金銀外幣處理辦法〉大有玄機，其第四條有個特別的豁免規定：「購買民國三十六年美金公債，……得以美金存儲（於中央銀行）。」換言之，這批美金公債期滿後以美金領回，是不必強迫兌換爲金圓券的。所以幸與不幸在一線間：一年前沒買到這批美金公債的老百姓，如今美金變壁紙；而買到這批美金公債的孔宋家族和國民黨，美金還是美金。當然如果就這樣也太沒有天理了，他們萬萬沒有想到，半年一次抽籤「還本付息」才領到沒幾次，國民政府就逃來台灣，所有債務都展延到「反攻大陸」之後，也就是叫你別做夢了。國民黨逃過一劫、逃不過第二劫，殘値看來都泡湯了。

從這段歷史可以得知，國民黨先在美金公債的發行上，靠著「近水樓台」佔了全民的便宜，繼而在金圓券的發行上，又靠著一個量身訂製的逃生門，在全民承擔的浩劫中毫髮無傷，這樣的政黨「有福我享、有難你當」，配稱爲「國民」黨嗎？

但是這還只是過去的國民黨，我們再看看今天國民黨邱大展的把戲，就會知道什麼叫「人不要臉、天下無敵」。

首先，邱大展給的美金公債總額，不是前述「黨產總說明」公布的二四一六萬美元，而是三六四八萬美元，據他自稱他用的才是「正確的計算方式」，好像以前該黨行管會的掌櫃都「頭殼有孔」。但是一方面債票與息票面額都固定，總金額只是簡單加總即得，並無所謂「計算方式」的正誤；二方面黨產交付信託時如有誤算，受委託的「中國信託」不可能沒有

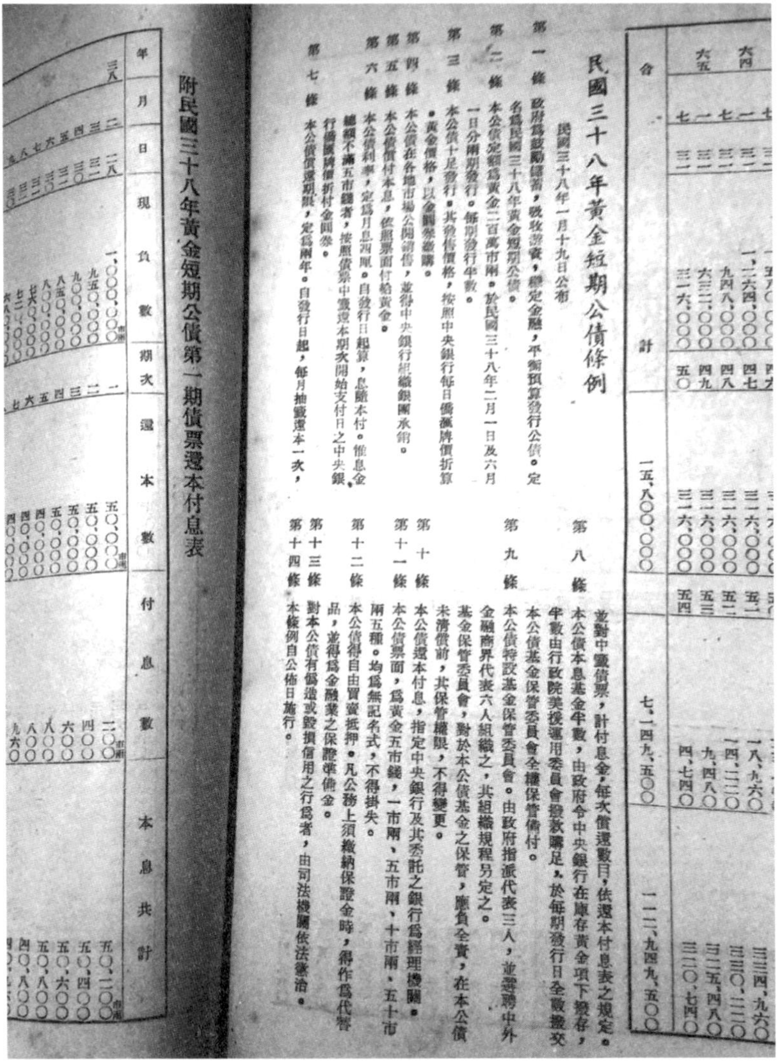

附民國三十八年黃金短期公債第一期債票還本付息表

年	月	日	現負數（市兩）	期次	還本數（市兩）	付息數（市兩）	本息共計（市兩）
三八	二	二八	一、〇〇〇、〇〇〇	一	五〇、〇〇〇	二〇〇	五〇、二〇〇
	三	三一	九五〇、〇〇〇	二	五〇、〇〇〇	四〇〇	五〇、四〇〇
	四	三〇	九〇〇、〇〇〇	三	五〇、〇〇〇	六〇〇	五〇、六〇〇
	五	三一	八五〇、〇〇〇	四	五〇、〇〇〇	八〇〇	五〇、八〇〇
	六	三〇	八〇〇、〇〇〇	五	四〇、〇〇〇	八〇〇	四〇、八〇〇
	七	三一	七六〇、〇〇〇	六	四〇、〇〇〇	九六〇	[illegible]
	八	三一	七二〇、〇〇〇	七	四〇、〇〇〇	[illegible]	[illegible]
	九	三〇	六八〇、[illegible]	[illegible]	[illegible]	[illegible]	[illegible]

民國三十八年黃金短期公債條例

民國三十八年一月十九日公布

第一條 政府為鼓勵儲蓄，吸收游資，穩定金融，平衡預算發行公債。定名為民國三十八年黃金短期公債。

第二條 本公債定額為黃金二百萬市兩，於民國三十八年二月一日及六月一日分兩期發行。每期發行半數。

第三條 本公債十足發行。其發售價格，按照中央銀行每日掛牌價折算黃金價格，以金圓券繳購。

第四條 本公債在各地市場公開銷售，並得由中央銀行組織銀團承銷。

第五條 本公債付本息，依照票面付給黃金。

第六條 本公債利率，定為月息四厘。自發行日起算，息隨本付。惟息金總額不滿五市錢者，按照債票中籤還本期次開始支付日之中央銀行掛牌價折付金圓券。

第七條 本公債償還期限，定為兩年。自發行日起，每月抽籤還本一次，並對中籤債票，計付息金，每次償還數目，依還本付息表之規定。

第八條 本公債本息基金半數，由政府令中央銀行在庫存黃金項下撥存，半數由行政院美援運用委員會撥款購足，於每期發行日全數撥交本公債基金保管委員會全權保管備付。

第九條 本公債特設基金保管委員會。由政府指派代表三人，並聘中外金融商界代表六人組織之，其組織規程另定之。基金保管委員會，對於本公債基金之保管，應負全責，在本公債未清償前，其保管權限，不得變更。

第十條 本公債還本付息，指定中央銀行及其委託之銀行為經理機關。

第十一條 本公債票面，為黃金五市錢，一市兩、五市兩、十市兩、五十市兩五種。均為無記名式，不得掛失。

第十二條 本公債得自由買賣抵押。凡公務上須繳納保證金時，得作為代替品，並得為金融業之保證準備金。

第十三條 對本公債有偽造或毀損信用之行為者，由司法機關依法懲治。

第十四條 本條例自公佈日施行。

年	月	日	現負數	期次	還本數		付息數	本息共計
六四	一	三一	一、二六四、〇〇〇	四七	三一六、〇〇〇	五一	一八、九六〇	三三四、九六〇
	七	三一	九四八、〇〇〇	四八	三一六、〇〇〇	五二	一四、二二〇	三三〇、二二〇
六五	一	三一	六三二、〇〇〇	四九	三一六、〇〇〇	五三	九、四八〇	三二五、四八〇
	七	三一	三一六、〇〇〇	五〇	三一六、〇〇〇	五四	四、七四〇	三二〇、七四〇
合計					一五、八〇〇、〇〇〇		七、一四九、五〇〇	二二、九四九、五〇〇

〈民國三十八年黃金短期公債條例〉，作者提供

發現、要求更正；三方面總額一億美元的公債，扣除孔宋家族的持有，與原先黨產記載相符，而遠低於邱大展的新數字。所以孰是孰非，相當明顯。

再者，依據媒體上邱大展的發言，對黨產裡這一大票究竟是什麼東西，出現四種不同的稱呼：最初他以爲是「美元公債」，去年他上任後發現是「美金債券」，隔不久他改口稱「黃金債券」，還附上英文的 U.S. Gold Bonds。經過三階段演化，所以「金額不同」。美元與美金只是一字之差、美金到黃金又是一字之差，最後由中文切換到英文，還趁機變更國籍，當然學問很大，但是這樣就想要讓這批債券的身價由六億暴漲到三八五億，還是令人不敢相信。難怪想發財想瘋了的國民黨，要請邱大展當掌櫃。只是在他玩「文字遊戲」的過程中，唯一不配合的是照片上那張「民國三十六年第二期美金公債」，上面既沒有「美金」變「黃金」，也沒有中文變英文，更沒有 U.S. 字樣。邱大掌櫃想必很後悔「秀」出那張照片自打嘴巴，現在賴都賴不掉。

最後，我們要告訴邱大展，國共內戰期間，國民政府眞正發行的「黃金公債」，只有一九四九年一月十九日公布的〈民國三十八年黃金短期公債〉，定額黃金二百萬兩，用金圓券繳購，而用黃金償付本息，等於反轉不到半年前的〈金圓券發行法〉及〈人民所有金銀外幣處理辦法〉。這一天是老蔣把爛攤子丟給李宗仁而「自行引退」的前兩天，也是金圓券體制的垂死掙扎，當然仍是無濟於事。邱大展想是要魚目混珠，把國民黨手中的「美金公債」冒充是這筆「黃金公債」，再藉著這幾十年來黃金價格由每兩三十五美元漲到今天的一千二百美元左右，讓「麻雀變鳳凰」，把國民黨對中華民國的「貢獻」大幅灌水。這若不是因爲不學無術而造成的錯誤，就是欺世盜名、居心叵測。

中國國民黨對台灣人謊話說盡、壞事做盡，本來多添一樁也不足爲奇，何況政黨三次輪替，該黨氣數已盡，何必大費周章爲這件事「解盲」；但是這一陣子該黨黨主席選舉活動熱鬧非凡，參選人前仆後繼，像過年在搶「福袋」，令人擔心國民黨殘餘勢力會不會「野火燒不盡、春風吹又生」，所以再費些力氣駁斥，以正視聽，並期盼台灣人早日對國民黨免疫，大家都省事。

二〇一七年三月二十日

洪秀柱扯掉「蔣公的新衣」

洪秀柱不但不知道幫著老蔣圓謊遮羞，避開總統變總裁這段尷尬場景，反而大聲嚷嚷東西是總裁下令運到台灣的，以為這樣可以把黃金國寶變黨產。老蔣絞盡腦汁編織的國王新衣，她自己看不見也就罷了，卻偏要硬拗國王光屁股更有看頭。

就在大家還搞不清楚中國國民黨到底有哪些黨產的時候，發生了一件怪事：該黨主席洪秀柱公開表示，當年蔣介石下令運來台灣的故宮文物與黃金，也是黨產的一部分。依照她的歪理，這些物品移轉來台前，老蔣已經自行宣布下野，所以他是以「中國國民黨總裁」的身分下達的命令，既然命令不是出自蔣總統而是出自蔣總裁，表示運來的東西不屬國家而屬政黨所有，也就因此變成今日的黨產。

這段話出自中國國民黨黨主席之口，真是讓人悲喜交加；悲的是我當年若不退出國民黨，今天說什麼也比洪女士更有資格當黨主席；喜的是國民黨竟然選出這種貨色承擔再起的大任，也眞是氣數該盡。洪主席既無知又無恥：所以說無知，因爲身爲黨主席竟然昧於黨史，對老蔣下野與下令的時間都搞不清楚；所以謂無恥，則是老蔣都不敢明目張膽違逆的黨政分際，她卻視若無睹，還大吹大擂、自以爲得計。

先看些歷史事實：蔣介石是在一九四九年一月二十一日，在共軍節節進逼下自行引退，一九五〇年三月一日復行視事，間隔一年多。這些日期很關鍵，因爲不論故宮文物或黃金運台的日期，一加比對，就可以知道老蔣當時的身分究竟是總統還是總裁，也就可以確認洪秀柱對該黨黨史的認識及不及格。

先說故宮國寶，一九四八年十一月十日，行政院院長兼任國立北平故宮博物院理事長的翁文灝召開理事會，眼見大勢已去，決議將故宮最精品、中研院歷史語言研究所考古文物、中央圖書館善本書與外交部重要條約檔案，運到台灣。第一批七七二箱文物在十二月二十六日抵台，隨後第二批三五〇二箱文物於一九四九年一月六日運到，第三批一二四八箱文物則在二月抵達，最終計有五五二二箱文物由中國運到台灣。隔年六月，日本歸還的一〇五箱古物先後六批也運來臺灣。除第三批外，有超過四分之三（七七．四％）的文物來台時，老蔣尚未引退或已經復出，身分乃是總統，只有不到四分之一符合洪秀柱的觀察，在蔣總裁時期運來。

黃金運台的資料雖然較有爭議，但大致上也是同樣的狀況：我們依據的是吳興鏞所著

《黃金往事》（二〇一三）一書，作者的父親是前國防部聯勤總部財務署少將署長吳嵩慶，正是實際執行運金任務的關鍵人物。該書將運台黃金分批計算：第一批是一九四八年十二月四日由上海海運抵台的二〇〇．四萬兩，這批無疑是在老蔣下野之前運出，也是最大的一批。第二批是一九四九年二月七至九日由上海與南京空運來台的五五．四萬兩，第三批是同年五月下旬，上海陷共前海運抵台的一九．二萬兩，第四批是在一九四九年八月直接由美國運台的一九．八萬兩，屬美援的一部分，但吳嵩慶私下把其中五萬兩運回廣州，給「代總統」李宗仁象徵性的一絲支援。最後一批則是一九四九年八月十六日共軍逼近廈門時，聯勤署再奉蔣之命將其控管的剩餘軍費二二萬兩黃金運台；但該年「央行運台保管黃金」裡又有六一萬兩用在「大陸軍政費用」，應自運台黃金中扣除。另外還有一筆八．七萬兩的「總裁特支費」，也在此時送到人在草山的老蔣手中，這應是「國庫通黨庫」有明確記錄的第一筆，應該列入「不當黨產處理條例」清查的對象，但這是題外話。

總計以上各批運台與離台黃金數，加減之後應是二六〇萬兩。唯「維基百科」對運台黃金有兩筆額外記載，一是一九四九年一月一日由上海海運五〇萬兩來台、十萬兩到廈門，二是同年十月將廈門僅剩的一二．五萬兩運台，但這兩項未有任何佐證資料，在此存疑。

令人訝異的是，中國國民黨在二〇〇六年八月二十四日公布的黨產報告中，突如其來指稱國府當年運到台灣二二七萬兩黃金，之後該黨各高階主管屢次重複這個數字。若這個數字出自該黨黨史記錄，則一方面證明該黨有黨國不分的「前科」，二方面也證明應該解密的不只是政府史料而已，更是黨史資料。獨裁政黨的透明化是轉型正義重要的一環，這又是另一個題外話。

不過究竟有多少黃金運台不是重點，在此我們關心是運台日期。稍做回顧可知，若以總數二六〇萬兩為準，則也是有超過四分之三（七七%）的黃金，是在老蔣下野之前就運抵台灣。洪秀柱可能又在心中暗喜，好險還有四分之一是在總裁任內運來的，沒有全錯。

但是問題是：老蔣為什麼不把全部文物與黃金都留待下野的一年之間運來台灣？依洪秀柱的邏輯，這樣豈不是更可以為國民黨鞏固統治台灣的基業？更奇怪的是，似乎老蔣非但不打算這麼做，而且處心積慮地想要在其下野之前，對黃金運台找到一個法律依據，避免其後以總裁的身分下命令；換句話說，洪主席與老蔣的想法正好背道而馳。

理由其實很簡單，因為老蔣深知，如果自己只是一個政黨的總裁，根本無權下令搬運國庫黃金，否則竊國的罪行豈不太昭然若揭？而那一票聽命取「金」的人，包括太子蔣經國、中央銀行總裁俞鴻鈞，與在台接應的台灣省主席陳誠及省財政廳長嚴家淦等人，則明顯是協助竊佔國庫資金，豈不都是共犯？老蔣不愧老奸巨猾、詭計多端，所以他在一九四九年一月十日下野前不到兩星期，祕密安排央行與軍方簽約，以「預支軍費」的名義，「合法」地把國庫存金撥交給親信財務署長吳嵩慶，就此黃金流向完全聽命於他一人的支配，這就是一般所稱的「黃金草約」。至於這個草約有無濫用職權圖利自己、是否符合施政的常理常情，已經顧不得了，反正有了這個草約做掩護，東西何時到手、他是不是總統，都已經無關緊要。就像一件若有若無的國王新衣穿在身上，別人就算不說漂亮，也不敢拆穿。

之後，當眞正有權下令的李宗仁總統親自致函老蔣，要求將黃金再運回南京做爲抵抗共軍的軍費，老蔣老神在在於回信中先強調：「前在職時，爲使國家財富免於共產黨之劫持，曾下令將國庫所存金銀轉移安全地點，引退之後，未嘗再行與聞。」表示下令時還是在任的總統，下野後就沒有越權，用以自清；繼而裝瘋賣傻地說：「任何人亦不能無理干涉，妄支分文。」好像把李宗仁總統當做「路人甲」看待，又好像先講先贏，先前的命令不得變更、永遠有效，更好像拿黃金打老共不重要、重要的是不被老共拿走。蔣介石其實對「戰既無望、和亦不能」早已心知肚明，所以他的下野只是想找個替死鬼，全不顧惜國府猶在苦撐之際，把做爲信心基礎的黃金準備席捲一空，搬來做自己東山再起的老本，卻讓接手者毫無化險爲夷的機會，手段不可謂不狠。

不過話說回來，老蔣就算心狠手辣，表面工夫還是要顧，還是要把自己霸佔國庫黃金的行爲合法化；先拿到了草約，才好把國庫黃金當成自己囊中之物。不料洪秀柱不但不知道幫著老蔣圓謊遮羞，避開總統變總裁這段尷尬場景，反而大聲嚷嚷東西是總裁下令運到台灣的，以爲這樣可以把黃金國寶變黨產。老蔣絞盡腦汁編織的國王新衣，她自己看不見也就罷了，卻偏要硬拗國王光屁股更有看頭。我可以想像，老蔣地下有知，對洪主席絕對難以原諒，說不定還會悄悄對本文按個「讚」。

洪秀柱一心以為前幾任的黨主席都疏忽掉的「好康」，只有她發現，而事實卻是她連政黨與政府之間應有的分際都毫無警覺。歷任的阿輝伯、戰哥哥、阿雄、阿九、阿倫，你們看得下去嗎？

二〇一六年九月六日

「蔣公銅像」的自我救贖

只有當銅像上「偉人」的眞面目被徹底揭發，大家才會由錯誤的崇拜轉爲覺醒與警惕，銅像才能恢復其應有的歷史教育功能，完成自我救贖，而轉型正義的兩個基本要求——懲罰加害者與還原眞相——才算得到兼顧。

文明社會喜歡在公眾場地爲偉人樹立雕像，因爲人生無常、白駒過隙，但每個世代總有一些值得後世銘記感念的人事物，代表這個社會對人類文明的不朽貢獻，除了用文字記載與繪畫記錄，更醒目又耐久的做法就是雕像，可以永傳千古。所以像美國華府林肯紀念堂裡的林肯雕像、金恩博士雕像、波蘭華沙的蕭邦雕像、英國倫敦的甘地銅像、法國蘭斯大教堂前的聖女貞德雕像、甚至日本澀谷車站前的忠犬小八銅像，都讓人徘徊沉思、難以忘懷。

不過遺憾的是，世界各地最多的雕像，不外都是一些在政治或軍事上一度叱吒風雲的人物；尤其是民主尚未成熟的國家，那些帝王將相往往異常自戀，覺得自己天縱英明、應該名留千古，萬世景仰膜拜。此所以他們樂意——不對，應該是暗示或是強迫——別人爲他塑像。這種「自我造神」的心理，使用「供給創造需求」的手法，越是獨裁者就越嚴重：一座雕像不夠、必定要街頭巷尾都是才開心；一個頭像不夠、必定要騎馬英姿才滿足；擺在室內的不夠，必定要在大庭廣眾中央，立起高達數丈的金屬雕像才過癮；生前打造的不夠，死後還要繼續勞民傷財才瞑目。

號稱是我們民族救星的蔣介石，就是一個最好的例子；據說台灣在解嚴之前，各地的蔣公銅像多達三千餘座，等於台灣每十二平方公里就有和蔣公相遇的機會，何等令人「慶幸」。一直到近年，根據管碧玲立委的資料，在號稱學術殿堂的六十四所公私立大學院校校園以內，仍然存有二十二座蔣公銅像，包括政治、中興、成功、中央、中山、陽明、台北、嘉義、台南、台東、宜蘭等國立大學，幾乎無一倖免，而當初的建置成本則由二十多萬元到近兩百萬元不等，這些銅像都代表教育經費的濫用，並非天上掉下來的禮物。再看設置的時間，則絕大多數是在一九七五年蔣公死後，可見不只是蔣公自己、還有一批拍馬屁奉承的嘍囉們，一直在持續造神。

大學院校都不能免於威權時代的「政治正確」，其他中小學、各級政府機關或公營事業，當然更不必寄望能做到「去政治化」，甚至民間企業或個人也常會爲了政治表態而爲蔣公塑像。所以除了過去這十多年來已經陸續被送到慈湖「蔣公雕像公園」的幾百尊之外，散布各地的恐怕還不在少數。

最近讀到一本《台灣傑出企業家——唐傳宗》，他的父親唐榮在日治時代創設的「唐榮鐵工廠」，在一九五○年代是台灣最重要的民營企業之一，卻因為他與雷震、高玉樹、余登發、楊金虎、郭國基等「異議人士」過從甚密，再加上蔣太子想安插人手被拒，終於在一九六二年被國民黨政府以「破產接管」的手段掠奪，並改組為省營公司，次年老父唐榮即抑鬱而終。但最令人唏噓的是，唐傳宗竟然仍於一九七一年用百餘萬元土地徵收款，捐贈一座蔣公騎馬銅像給高雄市府，立於中山路與三多路圓環，可以說是「以德報怨」。是為了保住家族其他事業財產，或有另外考量，外人就不得而知了。

為獨裁者立像當然不是台灣獨有，把獨裁者雕像拆除也不是台灣獨見。二○一○年六月二十五日的《紐約時報》就報導過，在喬治亞國的高黎市（Gori, Georgia），一尊連底座高達七公尺的史達林銅像在天亮之前被拉倒運走，這座雕像在中央廣場樹立了四十八年之久，當初史達林的死對頭赫魯雪夫繼任之後，雖然把蘇聯境內所有的史達林像盡都連根拔除，獨獨考慮到這是史達林的出生地，老一輩的村民仍對他曾經帶來的風光歲月很懷念，所以不敢動手。其後喬治亞在一九九一年由蘇聯獨立，二○○八年由於境內有武裝叛亂團體，又一次被俄羅斯藉口入侵，但那時做的一份民調顯示，高黎市有三七%的市民仍然以這個獨裁者為傲，五二%則不以為然，這些多半是年輕人；二○○九年時該像就曾被潑漆，並寫上：「從你的寶座上給我下來。」當局早已想把所有蘇聯時期的遺物掃地出門，對這尊巨大雕像尤其

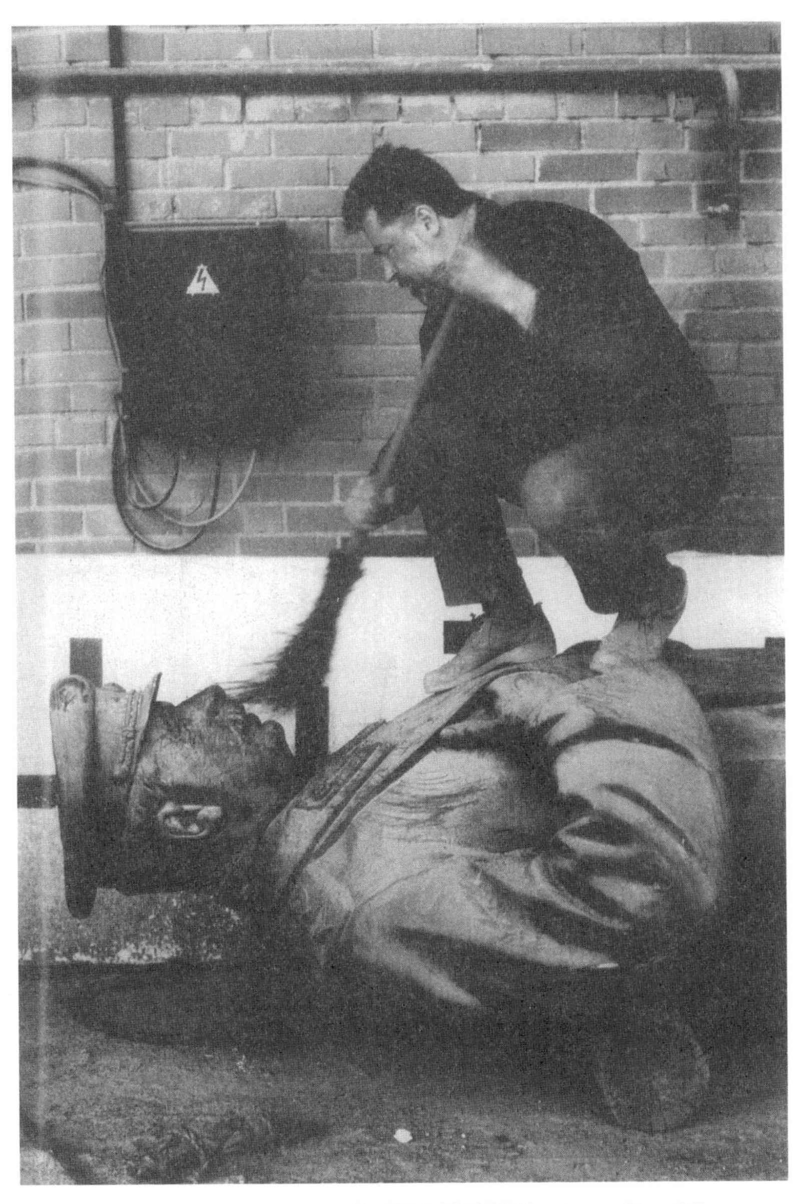

立陶宛工人清理銅像上的油漆，取自《國家地理雜誌》（1990 年 11 月）。

感冒，這次終於付諸行動，可能會擺到該市的「史達林博物館」。文化部長表示：「這是全國性的議題，所以不需要和村民溝通，絕大多數喬治亞人民對這位大屠夫與政治罪犯的觀感，和我是一樣的。」

另外，一九九〇年十一月《國家地理雜誌》刊出一幀照片，一位立陶宛工人在首都維尼雅斯（Vilnius, Lithuania）的紀念碑製造廠，蹲在一尊銅像上清掃油漆漬，這也是史達林老兄被「除垢」的下場，徒留歷史的笑柄。

除了史達林，另一位共產魔頭列寧的銅像也有相似的命運。二〇一四年，烏克蘭親俄派的總統一被罷黜，一個月內全國一五八座列寧銅像被推倒掩埋，不止是銅像，原來的列寧大道改名爲藍儂大道，沒錯，就是紀念「披頭合唱團」那位被暗殺的歌手。烏克蘭只是最後擺脫俄羅斯陰影的前蘇聯附庸國，其他從羅馬尼亞到亞美尼亞等十多國，自一九八九年柏林圍牆倒塌起，就清除了所有的列寧雕像。唯一的例外是前東德的契菲林市（Schwerin），因爲女市長是極左社會主義的黨員，因此該市還保留了據稱全歐洲最後的一尊，但也被抗議者噴過漆，銅像頭部曾被綁上白頭套，像是要被吊死的犯人。不過這位女市長強調：「不要忘記，當這些歷史遺物都缺席時，對歷史眞相的公共討論也將成爲不可能。」這倒也不是無稽之談，任何最終處置方案都應該正視這一個考慮。

不論喬治亞、立陶宛或烏克蘭，國土都緊鄰俄羅斯，獨立前都曾被蘇聯統治過半世紀

契菲林市保留列寧銅像之剪報，MCT 新聞社（2014 年 7 月）。

以上。他們一旦由專制統治解放、採行了民主政體，就積極處理威權遺緒、全面掃除獨裁圖騰。儘管強鄰俄羅斯走回頭路、普丁毫不避諱地表露個人獨裁野心，但這三國依然理直氣壯地追求新的國家前途，雖然沒有轉型正義的口號，卻有轉型正義的架式與實質。相較之下，台灣也是在一九九〇年代的全球第三波民主化浪潮，始由威權走向民主，但當我們要求當年宰制台灣的強人、殘害台灣菁英的元凶走下神壇時，卻一再面臨各種內部的阻擾抵抗，真令人汗顏。

在二二八屠殺事件七十週年

的此時，一個自稱「台灣建國工程隊」的團體，針對蔣公銅像展開「斬首」行動，目前已經進行三次，據說單是台北市的「存貨」就還有十多尊，只怕短時間還不會停止。這種行爲雖說符合「去威權」或「去蔣化」的民主意涵，但斬首戲碼在意象上不免「血腥暴力」，令人聯想到 ISIS 的恐怖行爲，不但無法表彰轉型正義的用心、還會產生冤冤相報的副作用，很難達到社會教育的目的。對蔣公銅像的最終處置，應該要有更合乎「情、理、法」的方式。

一年前，國際媒體有一則並未引起重視的報導：美國南卡羅萊納州的一所大學，校園內有一座第七任總統安德魯・傑克森（Andrew Jackson）的騎馬雕像，因爲當初是他捐贈創校。過去傑克森一向被視爲是一位了不起的總統，出身寒微，奮勇善戰，成立「民主黨」、開創美國的兩黨制，是能文能武的領袖人材。但這幾年一些歷史學家對他的深入研究指出，其實他大量蓄奴、炒做地皮、對士兵濫施死刑，是相當冷血的統治人物。最令人驚訝的是，爲了淨空自己擁有的大片土地，簽署「印第安人移除令」（Indian Removal Act），勒令一萬五千契洛奇族（Cherokees）人在寒冬中跨州大遷徙，導致近四分之一的老弱婦孺喪命在這條「眼淚之路」（Trail of Tears）。這些不光榮的事跡被公諸於世，美國財政部緊接著宣布，要在二〇二〇年將二十元美鈔上的人頭像由傑克森換爲同時期的塔布曼女士（Harriet Tubman），她本身曾是黑奴，而後冒生命危險協助其他南方黑奴逃亡，所以等於打臉傑克森總統。

那麼那尊校園內的雕像呢？經過校方與師生們的討論，決定留下；但是在雕像的底座要加裝一個設施，類似電眼，任何一位持有智慧型手機的參觀者經過，只需在電眼前方晃動手機，就可以馬上在手機下載傑克森總統生平所作所爲，包括前述的不堪往事，讓人看清一個「偉人」的眞面目。原先雕像底座上的銅牌只是歌功頌德的文字，如今靠著電子科技的發達，銅像固然可以保留、但重點是眞相也得以還原。

他山之石可以攻錯，蔣公銅像的最終結局或許可以仿傚，具體而言有三個步驟：首先，政府可以把公有的雕像開放私人「認養」，接手者只能展示於室內或私有空間，不得故意讓公眾隨處可見，以免引起社會對立情緒；其次，凡在公共場域而又無人認養者，以區域性公民投票決定去留；最後，凡縣市經多數公民決定留在原址者，一律加裝政府文化單位製作的蔣介石生平解說，以多語言版本供民眾或國際遊客當場下載聆聽或閱讀。只有當銅像上「偉人」的眞面目被徹底揭發，大家才會由錯誤的崇拜轉爲覺醒與警惕，銅像才能恢復其應有的歷史教育功能，完成自我救贖，而轉型正義的兩個基本要求——懲罰加害者與還原眞相——才算得到平衡兼顧。

二〇一七年四月二十八日

國家圖書館出版品預行編目資料

老綠男有意見 / 陳師孟作.
-- 初版.-- 台北市：前衛，2017.12
208面；15×21公分 --（新國民文庫；110）

ISBN 978-957-801-833-4（平裝）

1. 臺灣政治 2.時事評論

573.07 106021225

老綠男有意見

作　　者　陳師孟
責任編輯　林雅雯
美術編輯　宸遠彩藝
校　　對　康萍
封面繪圖　邱顯洵
封面設計　江孟達
出 版 者　前衛出版社
10468 台北市中山區農安街153號4F之3
Tel：02-25865708　Fax：02-25863758
郵撥帳號：05625551
e-mail：a4791@ms15.hinet.net
http://www.avanguard.com.tw
出版總監　林文欽
法律顧問　南國春秋法律事務所
總 經 銷　紅螞蟻圖書有限公司
11494台北市內湖區舊宗路二段121巷19號
Tel：02-27953656　Fax：02-27954100
出版日期　2017年12月初版一刷
2018年 2月初版二刷
定　　價　新台幣200元
©Avanguard Publishing House 2017
Printed in Taiwan　ISBN 978-957-801-833-4

* 請上「前衛出版社」臉書專頁按讚，獲得更多書籍、活動資訊
http://www.facebook.com/AVANGUARDTaiwan